에센스 명화 성경

FAMOUS BIBLE PAINTING

편집자 소개

황해도 신천에서 태어났다. 서울대 법대 법학과를 졸업하고 미국 하버드대 국제문제연구소 연구원을 거쳐 국방대학원을 졸업했다. 주이탈리아 참사관, 주일 총영사, 주벨기에 공사와 주나이지리아 대사를 역임한 전직 외교부 대사이다. 1970년 《현대문학》으로 문단에 데뷔한 후 《韓의 숲》 외 다수의 시집을 냈으며, 희곡 《금관의 예수》, 장편소설 《우리가 사랑한 죄인》이 있고, 번역서로는 《장미의 이름으로》 《제2의 성서》(구약 · 신약) 외 다수가 있다. 1999년 10월 독일 Peperkorn사의 영문판 한국문학시리즈 제1권 시집 《내 영혼의 노래(Songs of My Soul)》가 출간되었다.

에센스 명화 성경
구약1

초판 1쇄 | 펴낸날 2008년 1월 15일

펴낸곳 · 해누리기획
펴낸이 · 이동진
편역자 · 이동진
『흠정영역성서』 삽화 제공 · 맹성렬

주소 | 121-816 서울시 마포구 동교동 155-35 (2층)
전화 | 02)335-0414 · 0415 | 0502-569-0588 · 3698
팩스 | 02)335-0416 | 0502-569-0589
E-mail | sunnyworld@henuri.com

ISBN 978-89-89039-95-2 04200
ISBN 978-89-89039-94-5 04200 (전 4권)

에센스 명화 성경

FAMOUS BIBLE PAINTING

구약 1

이동진 편역

해누리

구약1 ■■ 차례

오경 The Pentateuch

역사서 The Historical Books

창세기
Genesis

창세기 Genesis 1:1

한 처음에 하느님께서 하늘과 땅을 창조하셨다.

In the beginning God created the heavens and the earth.

우주의 창조 흠정영역성서(1708년, 런던)

창세기 1:2

땅은 아직 꼴을 갖추지 못하고 비어 있었는데, 어둠이 심연을 덮고 하느님의 영이 그 물 위를 감돌고 있었다.

창조 첫째 날 흠정영역성서(1708년, 런던)

Genesis 1:2

Now the earth was a formless void, there was darkness over the deep, and God's spirit hovered over the water.

창조 첫째 날 율리우스 슈노르 폰 카롤스펠트 작

창세기 1:3-5

하느님께서 말씀하시기를 "빛이 생겨라." 하시자 빛이 생겼다. 하느님 보시니 그 빛이 좋았다. 하느님께서는 빛과 어둠을 가르시어, 빛을 낮이라 부르시고 어둠을 밤이라 부르셨다. 저녁이 되고 아침이 되니 첫날이 지나갔다.

빛의 창조 구스타프 도레 작

Genesis 1:3-5

God said, "Let there be light," and there was light. God saw that light was good, and God divided light from darkness. God called light "day," and darkness he called "night." Evening came and morning came: the first day.

창조 첫째 날 흠정영역성서(1708년, 런던)

창세기 1:7-8

하느님께서 이렇게 궁창을 만들어 궁창 아래에 있는 물과 궁창 위에 있는 물을 가르시자, 그대로 되었다. 하느님께서는 궁창을 하늘이라 부르셨다. 저녁이 되고 아침이 되니 이튿날이 지났다.

창조 둘째 날 율리우스 슈노르 폰 카롤스펠트 작

Genesis 1:7-8

God made the vault, and it divided the waters above the vault from the waters under the vault. God called the vault “heaven.” Evening came and morning came: the second day.

창조 둘째 날 흠정영역성서(1708년, 런던)

창세기 1:9-10

하느님께서 말씀하시기를 "하늘 아래에 있는 물은 한 곳으로 모여, 뭍이 드러나라."하시자, 그대로 되었다. 하느님께서 뭍을 땅이라, 물이 모인 곳을 바다라 부르셨다. 하느님께서 보시니 좋았다.

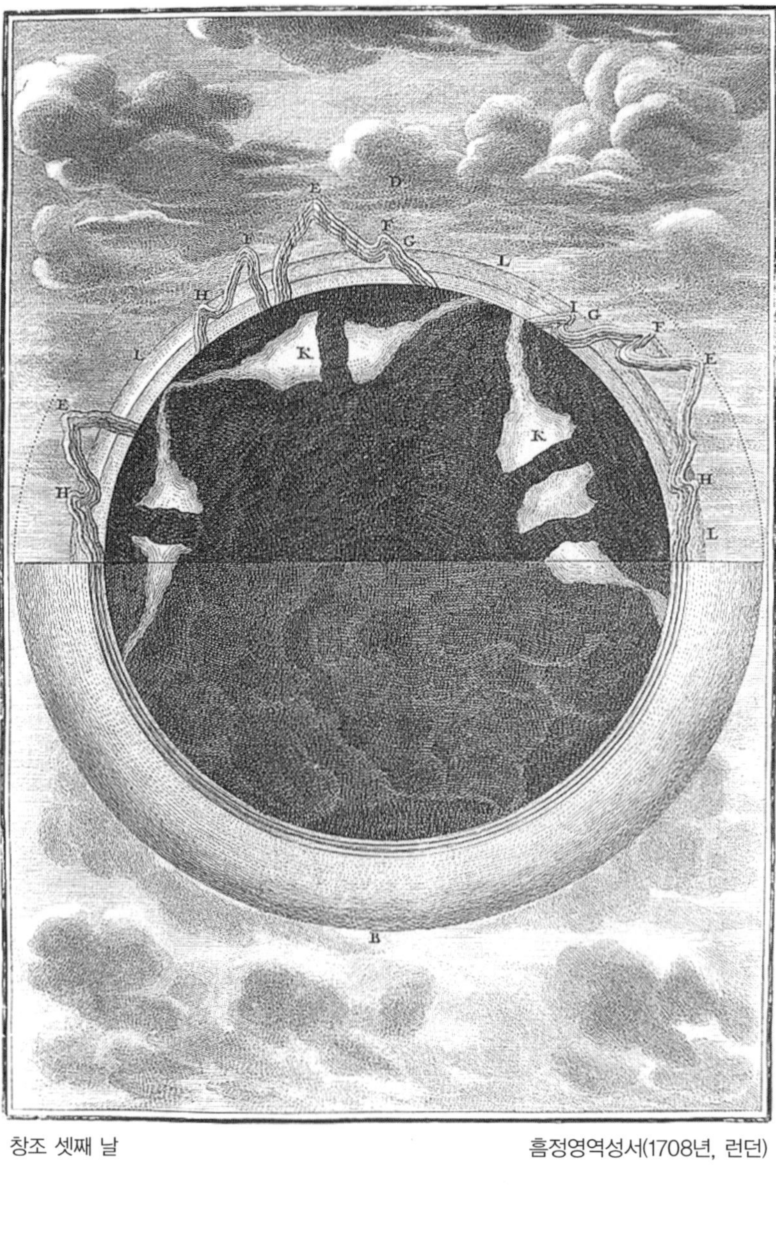

창조 셋째 날

흠정영역성서(1708년, 런던)

Genesis 1:9-10

God said, “Let the waters under heaven come together into a single mass, and let dry land appear.” And so it was. God called the dry land “earth” and the mass of water “seas,” and God saw it was good.

창조 셋째 날 흠정영역성서(1708년, 런던)

창세기 Genesis 1:9-10

창조 셋째 날 율리우스 슈노르 폰 카롤스펠트 작

창세기 1:11, 13

하느님께서 말씀하시기를 "땅은 푸른 싹을 돋게 하여라. 씨를 맺는 풀과 씨 있는 과일나무를 제 종류대로 땅 위에 돋게 하여라." 하시자, 그대로 되었다. 저녁이 되고 아침이 되니 사흗날이 지났다.

창조 셋째 날　　흠정영역성서(1708년, 런던)

Genesis 1:11, 13

God said, "Let the earth produce vegetation: seed-bearing plants, and fruit trees bearing fruit with their seeds inside, on the earth." And so it was. Evening came and morning came: the third day.

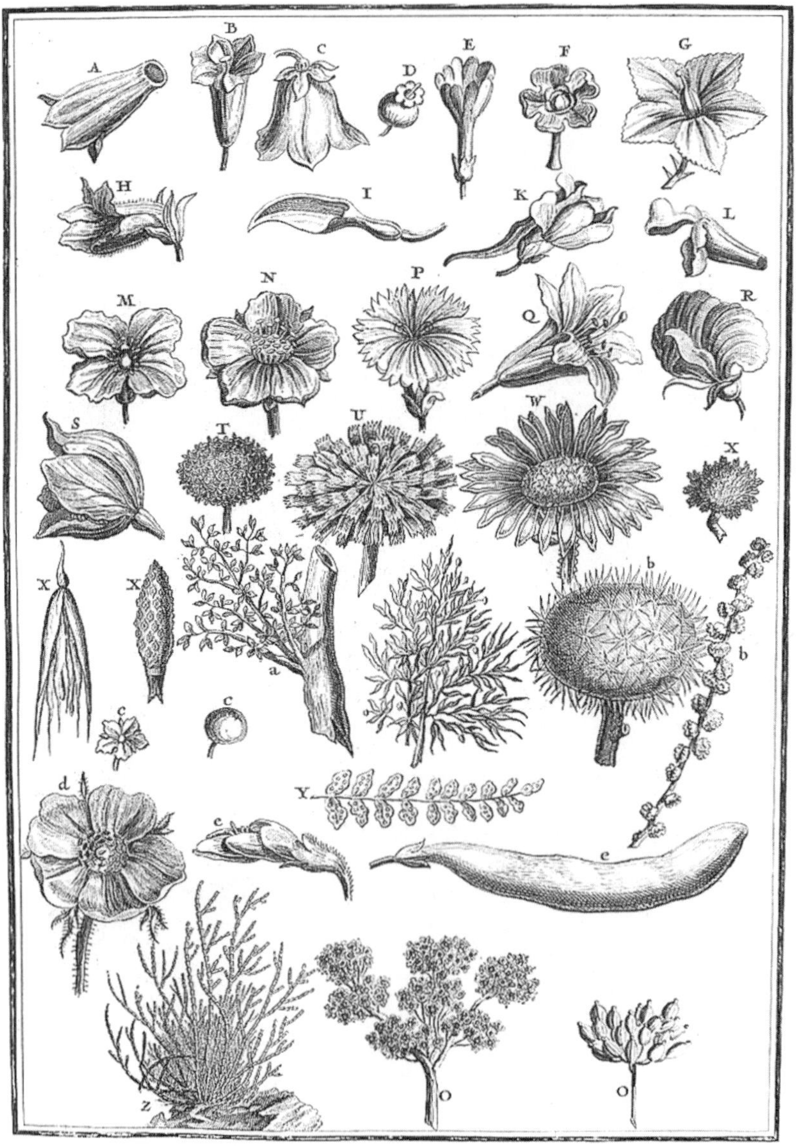

창조 셋째 날 흠정영역성서(1708년, 런던)

창세기 Genesis 1:14-15

하느님께서 말씀하시기를 "하늘의 궁창에 빛물체들이 생겨, 낮과 밤을 가르고, 표징과 절기, 날과 해를 나타내어라. 그리고 하늘의 궁창에서 땅을 비추는 빛물체들이 되어라." 하시자, 그대로 되었다.

God said, "Let there be lights in the vault of heaven to divide day from night, and let them indicate festivals, days and years. Let them be lights in the vault of heaven to shine on the earth." And so it was.

창조 넷째 날 흠정영역성서(1708년, 런던)

창세기 1:16-19

하느님께서는 큰 빛물체 두 개를 만드시어, 그 가운데에서 큰 빛물체는 낮을 다스리고 작은 빛물체는 밤을 다스리게 하셨다. 그리고 별들도 만드셨다. 하느님께서 이것들을 하늘 궁창에 두시어 땅을 비추게 하시고 낮과 밤을 다스리며 빛과 어둠을 가르게 하셨다. 하느님께서 보시니 좋았다. 저녁이 되고 아침이 되니 나흗날이 지났다.

창조 넷째 날 율리우스 슈노르 폰 카롤스펠트 작

Genesis 1:16-19

God made the two great lights: the greater light to govern the day, the smaller light to govern the night, and the stars. God set them in the vault of heaven to shine on the earth, to govern the day and the night and to divide light from darkness. God saw that it was good. Evening came and morning came: the fourth day.

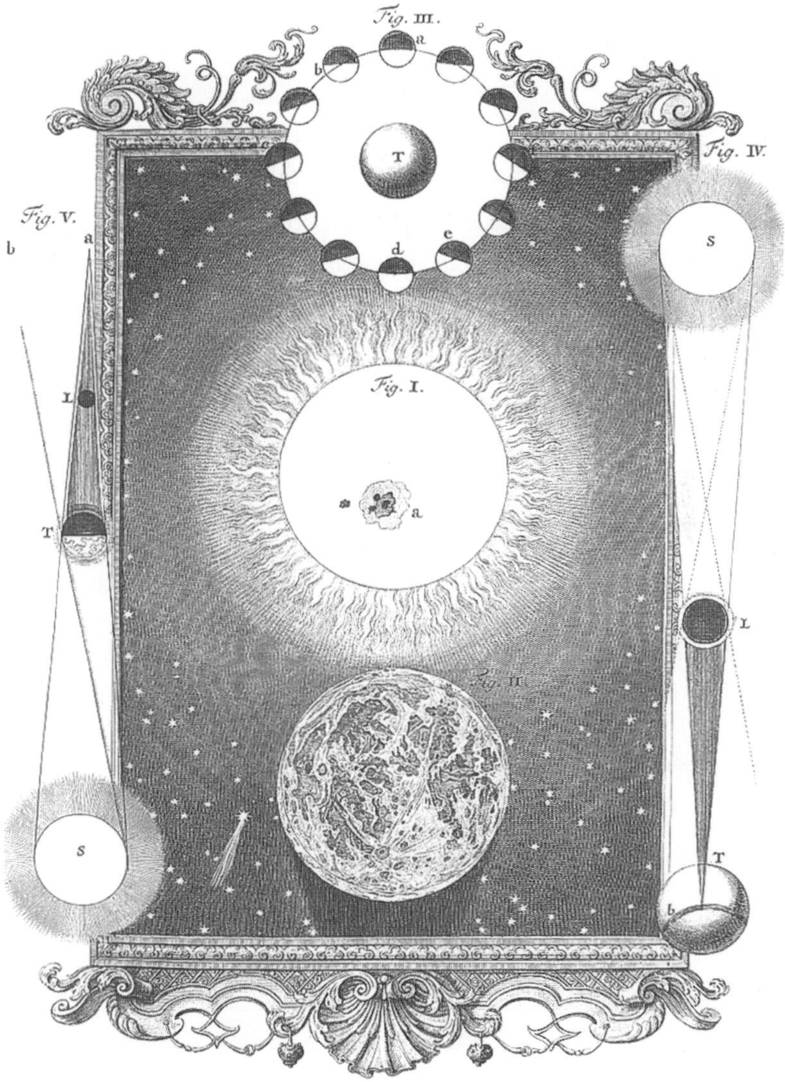

창조 넷째 날 흠정영역성서(1708년, 런던)

창세기 1:20-21

하느님께서 말씀하셨다. "물에는 생물이 우글거리고, 새들은 땅 위 하늘 궁창 아래를 날아 다녀라." 이렇게 하느님께서는 큰 용들과 물에서 우글거리며 움직이는 온갖 생물들을 제 종류대로, 또 날아다니는 온갖 새들을 제 종류대로 창조하셨다. 하느님께서 보시니 좋았다.

바다 생물의 창조 구스타프 도레 작

Genesis 1:20-21

God said, "Let the waters teem with living creatures, and let birds fly above the earth within the vault of heaven." And so it was. God created great sea-serpents and every kind of living creature with which the waters teem, and every kind of winged creature. God saw that it was good.

창조 다섯째 날

창조 다섯째 날

창세기 Genesis 1:20-21

창조 다섯째 날 　　　 흠정영역성서(1708년, 런던)

창세기 Genesis 1:20-21

새들의 창조 구스타프 도레 작

창세기 1:22-23

하느님께서 이들에게 복을 내리며 말씀하셨다. "번식하고 번성하여 바닷물을 가득 채워라. 새들도 땅 위에서 번성하여라." 저녁이 되고 아침이 되니 닷새날이 지났다.

창조 다섯째 날 율리우스 슈노르 폰 카롤스펠트 작

Genesis 1:22-23

God blessed them, saying, "Be fruitful, multiply, and fill the waters of the seas; and let the birds multiply upon the earth." Evening came and morning came: the fifth day.

창조 다섯째 날 헨드릭 홀치우스 작

창세기 Genesis 1:22-23

창조 다섯째 날 흠정영역성서(1708년, 런던)

창세기 Genesis 1:22-23

창조 다섯째 날

흠정영역성서(1708년, 런던)

창세기 Genesis 1:22-23

창조 다섯째 날　　　흠정영역성서(1708년, 런던)

창세기 1:24-25

하느님께서 말씀하시기를 "땅은 생물을 제 종류대로, 곧 집짐승과 기어 다니는 것과 들짐승을 제 종류대로 내어라." 하시자, 그대로 되었다. 하느님께서 이렇게 들짐승을 제 종류대로, 집짐승을 제 종류대로, 땅바닥을 기어 다니는 온갖 것을 제 종류대로 만드셨다. 하느님께서 보시니 좋았다.

창조 여섯째 날 흠정영역성서(1708년, 런던)

Genesis 1:24-25

God said, "Let the earth produce every kind of living creature: cattle, reptiles, and every kind of wild beast." And so it was. God made every kind of wild beast, every kind of cattle, and every kind of land reptiles. God saw that it was good.

창조 여섯째 날 흠정영역성서(1708년, 런던)

창세기 1:26

하느님께서 말씀하셨다. "우리와 비슷하게 우리 모습으로 사람을 만들자. 그래서 그가 바다의 물고기와 하늘의 새와 집짐승과 온갖 들짐승과 땅을 기어 다니는 온갖 것을 다스리게 하자."

흙에서 나온 사람 흠정영역성서(1708년, 런던)

Genesis 1:26

God said, "Let us make man in our own image, in the likeness of ourselves, and let them be masters of the fish of the sea, the birds of heaven, the cattle, all the wild beasts and all the reptiles that crawl upon the earth."

아담의 창조 미켈란젤로 작

창세기 Genesis 1:28, 31

하느님께서 그들에게 복을 내리며 말씀하셨다. "자식을 많이 낳고 번성하여 땅을 가득 채우고 지배하여라. 그리고 바다의 물고기와 하늘의 새와 땅을 기어 다니는 온갖 생물을 다스려라." 하느님께서 보시니 손수 만드신 모든 것이 참 좋았다. 저녁이 되고 아침이 되니 엿샛날이 지났다.

God blessed them, saying to them, "Be fruitful, multiply, fill the earth and conquer it. Be masters of the fish of the sea, and the birds of heaven and all living animals on the earth." God saw all he had made, and indeed it was very good. Evening came and morning came: the sixth day.

창조 여섯째 날 율리우스 슈노르 폰 카롤스펠트 작

창세기 2:1-3

이렇게 하늘과 땅과 그 안의 모든 것이 이루어졌다. 하느님께서 하시던 일을 이렛날에 다 이루셨다. 그분께서는 하시던 일을 모두 마치시자 이렛날에 쉬셨다. 하느님께서 이렛날에 복을 내리시고 그날을 거룩하게 하셨다. 하느님께서 창조하여 만드시던 일을 모두 마치시고 그날에 쉬셨기 때문이다.

안식일 율리우스 슈노르 폰 카롤스펠트 작

Genesis 2:1-3

Thus heaven and earth were completed with all their array. On the 7th day God completed the work he had been doing. He rested on the 7th day after all the work he had been doing. God blessed the seventh day and made it holy, because on that day he had rested after all his work of creating.

창조 일곱째 날　　　　구스타프 도레 작

창세기 2:8-9

주 하느님께서는 동쪽에 있는 에덴에 동산 하나를 꾸미시어, 당신께서 빚으신 사람을 거기에 두셨다. 주 하느님께서는 보기에 탐스럽고 먹기에 좋은 온갖 나무를 흙에서 자라게 하시고, 동산 한가운데에는 생명나무와 선과 악을 알게 하는 나무를 자라게 하셨다.

낙원 흠정영역성서(1708년, 런던)

Genesis 2:8-9

Yahweh God planted a garden in Eden which is in the east, and there he put the man he had fashioned. Yahweh God caused to spring up from the soil every kind of tree, enticing to look at and good to eat, with the tree of life and the tree of the knowledge of good and evil in the middle of the garden.

천지창조 미켈란젤로 작

창세기 2:15-17

주 하느님께서는 사람을 데려다 에덴동산에 두시어, 그곳을 일구고 돌보게 하셨다. 그리고 주 하느님께서는 사람에게 이렇게 말씀하셨다. "너는 동산에 있는 모든 나무에서 열매를 따 먹어도 된다. 그러나 선과 악을 알게 하는 나무에서는 따 먹으면 안 된다. 그 열매를 따 먹는 날, 너는 반드시 죽을 것이다."

선악의 지식 나무 흠정영역성서(1708년, 런던)

Genesis 2:15-17

Yahweh God took the man and settled him in the garden of Eden to cultivate and take care of it. Then Yahweh God gave the man this admonition, “You may eat indeed of all the trees in the garden. Nevertheless of the tree of the knowledge of good and evil you are not to eat, for on the day you eat of it you shall most surely die.”

에덴동산 이야기

창세기 2:18, 21-22

주 하느님께서 말씀하셨다. "사람이 혼자 있는 것이 좋지 않으니, 그에게 알맞은 협력자를 만들어 주겠다." 그래서 주 하느님께서는 사람 위로 깊은 잠이 쏟아지게 하시어 그를 잠들게 하신 다음, 그의 갈빗대 하나를 빼내시고 그 자리를 살로 메우셨다. 주 하느님께서 사람에게서 빼내신 갈빗대로 여자를 지으시고, 그를 사람에게 데려오셨다.

하와의 창조 구스타프 도레 작

Genesis 2:18, 21-22

Yahweh God said, "It is not good that the man should be alone. I will make him a helpmate." So Yahweh God made the man fall into a deep sleep. And while he slept, he took one of his ribs and enclosed it in flesh. Yahweh God built the rib he had taken from the man into a woman, and brought her to the man.

하와의 창조 줄리오 피피 작

창세기 Genesis 2:18, 21-22

아담의 갈빗대에서 나온 하와 흠정영역성서(1708년, 런던)

창세기 Genesis 2:23-25

사람이 이렇게 부르짖었다. "이야말로 내 뼈에서 나온 뼈요 내 살에서 나온 살이로구나! 남자에게서 나왔으니 여자라 불리리라." 그러므로 남자는 아버지와 어머니를 떠나 아내와 결합하여 둘이 한 몸이 된다. 사람과 그 아내는 둘 다 알몸이면서도 부끄러워하지 않았다.

The man exclaimed: "This at last is bone from my bones, and flesh from my flesh! This is to be called woman, for this was taken from man." This is why a man leaves his father and mother and joins himself to his wife, and they become one body. Now both of them were naked, the man and his wife, but they felt no shame in front of each other.

아담과 하와 알브레히트 뒤러 작

창세기 3:1, 4-5

뱀은 주 하느님께서 만드신 모든 들짐승 가운데에서 가장 간교하였다. 그러자 뱀이 여자에게 말하였다. " 너희는 결코 죽지 않는다. 너희가 그것을 먹는 날, 너희 눈이 열려 하느님처럼 되어서 선과 악을 알게 될 줄을 하느님께서 아시고 그렇게 말씀하신 것이다."

뱀의 유혹　　흠정영역성서(1708년, 런던)

Genesis 3:1, 4-5

The serpent was the most subtle of all the wild beasts that Yahweh God has made. Then the serpent said to the woman, "No! you will not die! God knows in fact that on the day you eat it your eyes will be opened and you will be like gods, knowing good and evil."

낙원의 뱀 구스타프 도레 작

창세기 3:6

여자가 쳐다보니 그 나무 열매는 먹음직하고 소담스러워 보였다. 그뿐만 아니라 그것은 슬기롭게 해 줄 것처럼 탐스러웠다. 그래서 여자가 열매 하나를 따서 먹고 자기와 함께 있는 남편에게도 주자, 그도 그것을 먹었다.

사과를 따먹는 아담과 하와 루카스 크라나흐(아버지) 작

Genesis 3:6

The woman saw that the tree was good to eat and pleasing to the eyes, and that it was desirable for the knowledge that it could give. So she took some of its fruit and ate it. She gave some also to her husband who was with her, and he ate it.

아담과 사과를 든 하와 렘브란트 작

창세기 Genesis 3

원조의 범죄 율리우스 슈노르 폰 카롤스펠트 작

창세기 3:7

그러자 그 둘은 눈이 열려 자기들이 알몸인 것을 알고, 무화과나무 잎을 엮어서 두렁이를 만들어 입었다.

낙원의 아담과 하와 알브레히트 뒤러 작

Genesis 3:7

Then the eyes of both of them were opened and they realized that they were naked. So they sewed fig leaves together to make themselves loincloths.

그들의 눈이 열리다 흠정영역성서(1708년, 런던)

창세기 Genesis 3:12-13

사람이 대답하였다. "당신께서 저와 함께 살라고 주신 여자가 그 나무 열매를 저에게 주기에 제가 먹었습니다." 여자가 대답하였다. "뱀이 저를 꾀어서 제가 따 먹었습니다."

The man replied, "It was the woman you put with me; she gave me the fruit, and I ate it." The woman replied, "The serpent tempted me and I ate it."

첫 번째 심판 율리우스 슈노르 폰 카롤스펠트 작

창세기 Genesis 3:14

주 하느님께서 뱀에게 말씀하셨다. "네가 이런 일을 저질렀으니 너는 모든 집짐승과 들짐승 가운데서 저주를 받아 네가 사는 동안 줄곧 배로 기어 다니며 먼지를 먹으리라."

Then Yahweh God said to the serpent, "Because you have done this, be accursed beyond all cattle, all wild beasts. You shall crawl on your belly and eat dust every day in your life."

뱀의 처벌　　흠정영역성서(1708년, 런던)

창세기 3:15

"나는 너와 그 여자 사이에, 네 후손과 그 여자의 후손 사이에 적개심을 일으키리니 여자의 후손은 너의 머리에 상처를 입히고 너는 그의 발꿈치에 상처를 입히리라."

용의 머리를 밟는 여인 샤를르 알퐁스 뒤프레노아 작

Genesis 3:15

"I will make you enemies of each other: you and the woman, your offspring and her offspring. It will crush your head and you will strike its heel."

한 가지 잘못이 만 가지 재앙을 부른다 주세페 마리아 미텔리 작

창세기 Genesis 3:18-19

"땅은 네 앞에서 가시덤불과 엉겅퀴를 돋게 하고 너는 들의 풀을 먹으리라. 너는 흙에서 나왔으니 흙으로 돌아갈 때까지 얼굴에 땀을 흘려야 양식을 먹을 수 있으리라. 너는 먼지이니 먼지로 돌아가리라."

"It shall yield you brambles and thistles, and you shall eat wild plants. With sweat on your brow shall you eat your bread, until you return to the soil, as you were taken from it. For dust you are and to dust you shall return."

가시덤불과 엉겅퀴　　흠정영역성서(1708년, 런던)

창세기 Genesis 3:21

주 하느님께서는 사람과 그의 아내에게 가죽 옷을 만들어 입혀 주셨다.

Yahweh God made clothes out of skins for the man and his wife, and they put them on.

가죽 옷을 입은 아담과 하와　　흠정영역성서(1708년, 런던)

창세기 3:22

주 하느님께서 말씀하셨다. "자, 사람이 선과 악을 알아 우리 가운데 하나처럼 되었으니, 이제 그가 손을 내밀어 생명의 나무 열매까지 따 먹고 영원히 살게 되어서는 안 되지."

낙원에서 쫓겨나는 아담과 하와 구스타프 도레 작

Genesis 3:22

Then Yahweh God said, "See, the man has become like one of us, with his knowledge of good and evil. He must not be allowed to stretch his hand out next and pick from the tree of life also, and eat some and live for ever."

낙원에서 추방되다 알브레히트 뒤러 작

창세기 3:23-24

그래서 주 하느님께서는 그를 에덴동산에서 내치시어, 그가 생겨 나온 흙을 일구게 하셨다. 이렇게 사람을 내쫓으신 다음, 에덴동산 동쪽에 커룹들과 번쩍이는 불 칼을 세워, 생명나무에 이르는 길을 지키게 하셨다.

에덴에서 추방되다 율리우스 슈노르 폰 카롤스펠트 작

Genesis 3:23-24

So Yahweh God expelled him from the garden of Eden, to till the soil from which he had been taken. He banished the man, and in front of the garden of Eden he posted the cherubs, and the flame of a flashing sword, to guard the way to the tree of life.

아담과 하와의 추방

주제페 포르타 작

창세기 Genesis 4:1-2

사람이 자기 아내 하와와 잠자리를 같이하니, 그 여자가 임신하여 카인을 낳고 이렇게 말하였다. "내가 주님의 도우심으로 남자 아이를 얻었다." 그 여자는 다시 카인의 동생 아벨을 낳았는데, 아벨은 양치기가 되고 카인은 땅을 부치는 농부가 되었다.

The man had intercourse with his wife Eve, and she conceived and gave birth to Cain. "I have acquired a man with the help of Yahweh" she said. She gave birth to a second child, Abel, the brother of Cain. Now Abel became a shepherd and kept flocks, while Cain tilled the soil.

카인과 아벨이 태어나다 　　　　율리우스 슈노르 폰 카롤스펠트 작

창세기 4:3-5

세월이 흐른 뒤에 카인은 땅의 소출을 주님께 제물로 바치고, 아벨은 양 떼 가운데 맏배들과 그 굳기름을 바쳤다. 그런데 주님께서는 아벨과 그의 제물은 기꺼이 굽어보셨으나, 카인과 그의 제물은 굽어보지 않으셨다. 그래서 카인은 몹시 화를 내며 얼굴을 떨어뜨렸다.

화가 난 카인 흠정영역성서(1708년, 런던)

Genesis 4:3-5

Time passed and Cain brought some of the produce of the soil as an offering for Yahweh, while Abel for his part brought the first-born of his flock and some of their fat as well. Yahweh looked with favor on Abel and his offering. But he did not look with favor on Cain and his offering, and Cain was very angry and downcast.

카인과 아벨의 제사 율리우스 슈노르 폰 카롤스펠트 작

창세기 Genesis 4:3-5

카인과 아벨의 제사 1650년경, 렘브란트 작

창세기 4:8-9

카인이 아우 아벨에게 "들에 나가자." 하고 말하였다. 그들이 들에 있을 때, 카인이 자기 아우 아벨에게 덤벼들어 그를 죽였다. 주님께서 카인에게 물으셨다. "네 아우 아벨은 어디 있느냐?" 그가 대답하였다. "모릅니다. 제가 아우를 지키는 사람입니까?"

카인에게 살해되는 아벨 율리우스 슈노르 폰 카롤스펠트 작

Genesis 4:8-9

Cain said to his brother Abel, “Let us go out,” and while they were in the open country, Cain set on his brother Abel and killed him. Yahweh asked Cain, “Where is your brother Abel?” “I do not know,” he replied. “Am I my brother’s guardian?”

아벨을 죽이는 카인 알브레히트 뒤러 작

창세기 4:10-12

"네 아우의 피가 땅바닥에서 나에게 울부짖고 있다. 이젠 너는 저주를 받아, 입을 벌려 네 손에서 네 아우의 피를 받아 낸 그 땅에서 쫓겨날 것이다. 너는 세상을 떠돌며 헤매는 신세가 될 것이다."

아벨의 피살 구스타프 도레 작

Genesis 4:10-12

"Listen to the sound of your brother's blood, crying out to me from the ground. Now be accursed and driven from the ground that has opened its mouth to receive your brother's blood at your hands. You shall be a fugitive and a wanderer over the earth."

카인의 추방 노엘 코이펠 작

창세기 6:2, 4

하느님의 아들들은 사람의 딸들이 아름다운 것을 보고, 여자들을 골라 아내로 삼았다. 하느님의 아들들이 사람의 딸들과 한자리에 들어 그들에게서 자식이 태어나던 그 때와 그 뒤에도 세상에는 나필족이 있었는데, 그들은 옛날의 용사들로서 이름난 장사들이었다.

거인들　　흠정영역성서(1708년, 런던)

Genesis 6:2, 4

The sons of God, looking at the daughters of men, saw they were pleasing, so they married as many as they chose. The Nephilim were on the earth at that time (and even afterward) when the sons of God resorted to the daughters of man, and had children by them. These are the heroes of days gone by, the famous men.

거인족의 추락 조반니 프란체스코 로마넬리 작

창세기 6:5-6

주님께서는 사람들의 악이 세상에 많아지고, 그들 마음의 모든 생각과 뜻이 언제나 악하기만 한 것을 보시고, 세상에 사람을 만드신 것을 후회하시며 마음 아파하셨다. 그래서 주님께서 말씀하셨다. "내가 창조한 사람들을 이 땅 위에서 쓸어버리겠다. 사람뿐 아니라 짐승과 기어 다니는 것들과 하늘의 새들까지 쓸어버리겠다. 내가 그것들을 만든 것이 후회스럽구나!"

방주의 목재

정영역성서(1708년, 런던)

Genesis 6:5-6

Yahweh saw that the wickedness of man was great on the earth, and that the thoughts in his heart fashioned nothing but wickedness all day long. Yahweh regretted having made man on the earth, and his heart grieved. "I will rid the earth's face of man, my own creation," Yahweh said, "and of animals also, reptiles too, and the birds of heaven; for I regret having made them."

방주의 목재 흠정영역성서(1708년, 런던)

창세기 Genesis 6:13-14

하느님께서 노아에게 말씀하셨다. "나는 모든 살덩어리들을 멸망시키기로 결정하였다. 그들로 말미암아 세상이 폭력으로 가득 찼다. 나 이제 그들을 세상에서 없애 버리겠다. 너는 전나무로 방주 한 척을 만들어라."

God said to Noah, "The end has come to all things of flesh; I have decided this, because the earth is full of violence of man's making, and I will efface them from the earth. Make yourself an ark out of resinous wood."

방주를 만들어라　　　율리우스 슈노르 폰 카롤스펠트 작

창세기 6:14-16

"그 방주에 작은 방들을 만들고, 안과 밖을 역청으로 칠하여라. 너는 그것을 이렇게 만들어라. 방주의 길이는 삼 백 암마, 너비는 쉰 암마, 높이는 서른 암마이다. 그 방주에 지붕을 만들고 위로 한 암마 올려 마무리하여라. 문은 방주 옆쪽에 내어라. 그리고 그 방주를 아래층과 둘째 층과 셋째 층으로 만들어라."

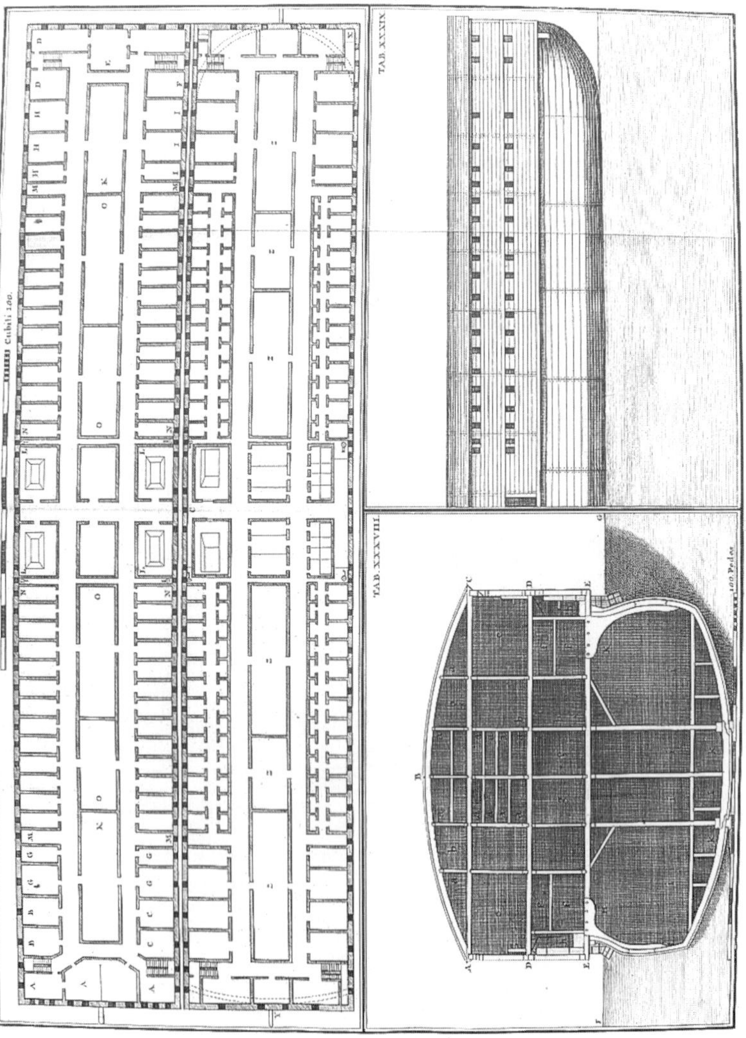

방주 설계도 흠정영역성서(1708년, 런던)

Genesis 6:14-16

"Make it with reeds and line it with pitch inside and out. This is how to make it: the length of the ark is to be three hundred cubits, its breath fifty cubits, and its height thirty cubits. Make a roof for the ark... put the door of the ark high up in the side, and make a first, second, and third deck."

여러 형태의 방주

창세기 Genesis 7:6-7

땅에 홍수가 난 것은 노아가 육백 살 되던 때였다. 노아는 아들들과 아내와 며느리들과 함께 홍수를 피하여 방주로 들어갔다.

Noah was six hundred years old when the flood of waters appeared on the earth. Noah with his sons, his wife, and his sons' wives boarded the ark to escape the waters of the flood.

방주로 들어가는 노아 가족　　흠정영역성서(1708년, 런던)

창세기 Genesis 7:8-10

정결한 짐승과 부정한 짐승, 새와 땅바닥을 기어 다니는 모든 것이 하느님께서 노아에게 명령하신 대로, 수컷과 암컷 둘씩 노아에게 와서 방주로 들어갔다. 이레가 지나자 땅에 홍수가 났다.

(Of the clean animals and the animals that are not clean, of the birds and all that crawls on the ground, two of each kind boarded the ark with Noah, a male and a female, according to the order God gave Noah.) Seven days later the waters of the flood appeared on the earth.

홍수의 시작 흠정영역성서(1708년, 런던)

창세기 7:11-12

노아가 육백 살 되던 해 둘째 달 열이렛날, 바로 그날에 큰 심연의 모든 샘구멍이 터지고 하늘의 창문들이 열렸다. 그리하여 사십 일 동안 밤낮으로 땅에 비가 내렸다.

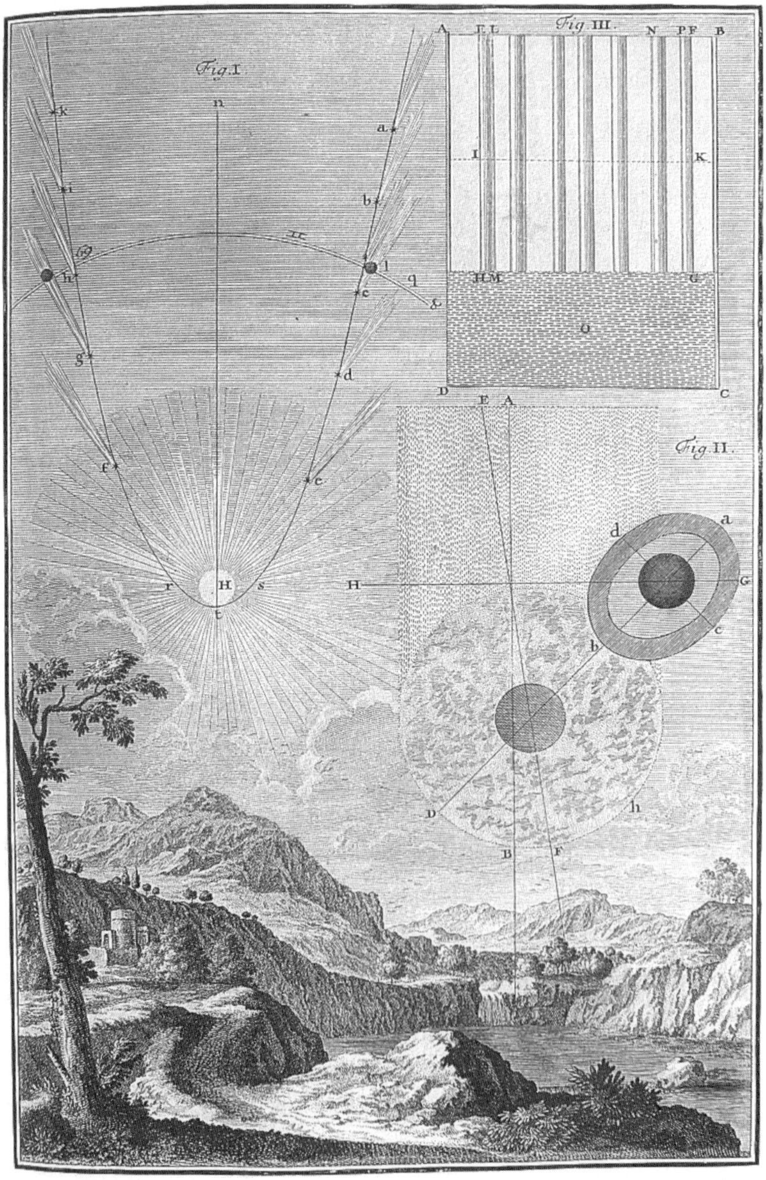

하늘이 열리다 흠정영역성서(1708년, 런던)

Genesis 7:11-12

In the six hundredth year of Noah's life, in the second month, and on the seventeenth day of that month, that very day all the springs of the great deep broke through, and the sluices of the heaven opened. It rained on the earth for forty days and forty nights.

대홍수 율리우스 슈노르 폰 카롤스펠트 작

창세기 Genesis 7:17-18

땅에 사십 일 동안 홍수가 계속되었다. 물이 차올라 방주를 밀어 올리자 그것이 땅에서 떠올랐다. 물이 불어나면서 땅 위로 가득 차 오르자 방주는 물 위를 떠다니게 되었다.

The flood lasted forty days on the earth. The waters swelled, lifting the ark until it was raised above the earth. The waters rose and swelled greatly on the earth, and the ark sailed on the waters.

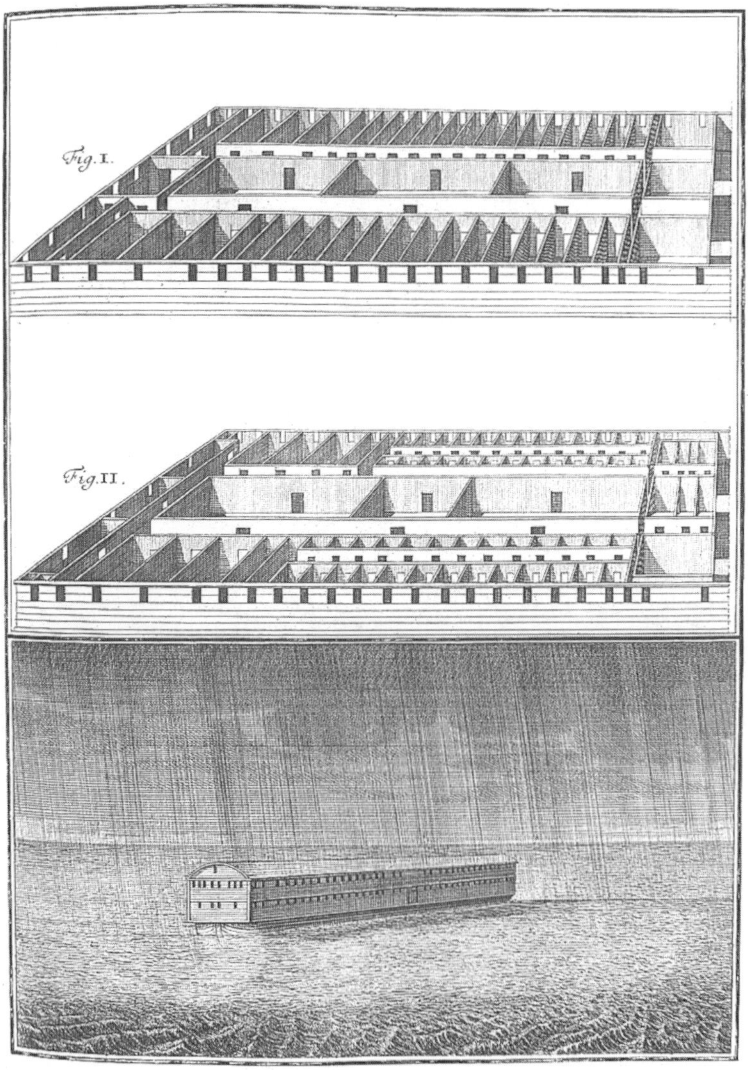

물에 뜬 방주 흠정영역성서(1708년, 런던)

창세기 Genesis 7:19-20

땅에 물이 점점 더 불어나, 온 하늘 아래 높은 산들을 모두 뒤덮었다. 물은 산들을 뒤덮고도 열다섯 암마나 더 불어났다.

The waters rose more and more on the earth so that all the highest mountains under the whole of heaven were submerged. The waters rose fifteen cubits higher, submerging the mountains.

대홍수 바티스타 프랑코 작

창세기 7:23-24

그분께서는 사람뿐만 아니라 짐승과 기어 다니는 것들과 하늘의 새들까지, 땅에 사는 모든 생물을 쓸어 버리셨다. 이렇게 그것들은 땅에서 쓸려 가버렸다. 노아와, 그와 함께 방주에 있는 사람과 짐승만 남았다. 물은 땅 위에 백오십 일 동안 계속 불어났다.

물로 멸망하는 온 세상 구스타프 도레 작

Genesis 7:23-24

Yahweh destroyed every living thing on the face of the earth, man and animals, reptiles, and the birds of heaven. He rid the earth of them, so that only Noah was left, and those with him in the ark. The waters rose on the earth for a hundred and fifty days.

대홍수 구스타프 도레 작

창세기 8:4-5

그리하여 일곱째 달 열이렛날에 방주가 아라랏 산 위에 내려앉았다. 물은 열째 달이 될 때까지 계속 줄어, 열째 달 초하룻날에는 산봉우리들이 드러났다.

방주에서 나가는 비둘기 구스타프 도레 작

Genesis 8:4-5

And in seventh month, on the seventeenth day of that month, the ark came to rest on the mountain of Ararat. The waters gradually fell until the tenth month when, on the first day of the tenth month, the mountain peaks appeared.

아라랏 산

창세기 Genesis 8:4-5

아라랏 산

창세기 Genesis 8:6-7

사십 일이 지난 뒤에 노아는 자기가 만든 방주의 창을 열고 까마귀를 내보냈다. 까마귀는 밖으로 나가 땅에 물이 마를 때까지 왔다 갔다 하였다.

At the end of forty days Noah opened the porthole made in the ark and he sent out the raven. This went off, and flew back and forth until the waters dried up from the earth.

방주에서 떠나는 까마귀 흠정영역성서(1708년, 런던)

창세기 Genesis 8:8-9

그는 또 땅에서 물이 빠졌는지 보려고 비둘기를 내보냈다. 그러나 비둘기는 발 붙일 곳을 찾지 못하고 방주로 노아에게 돌아왔다.

Then he sent out the dove, to see whether the waters were receding from the surface of the earth. The dove, finding nowhere to perch, returned to him in the ark.

방주에서 떠나는 비둘기 흠정영역성서(1708년, 런던)

창세기 8:10-11

그는 이레를 더 기다리다가 다시 그 비둘기를 방주에서 내보냈다. 저녁때가 되어 비둘기가 그에게 돌아왔는데, 싱싱한 올리브 잎을 부리에 물고 있었다. 그래서 노아는 땅에서 물이 빠진 것을 알게 되었다.

올리브 잎　　　　흠정영역성서(1708년, 런던)

Genesis 8:10-11

After waiting seven more days, again he sent out the dove from the ark. In the evening, the dove came back to him and there it was with a new olive branch in its beak. So Noah realized that the waters were receding from the earth.

올리브 가지를 물고 온 비둘기

창세기 Genesis 8:12-13

노아는 이레를 더 기다려 그 비둘기를 내보냈다. 그러자 비둘기는 그에게 다시 돌아오지 않았다. 노아가 육백한 살이 되던 해, 첫째 달 초하룻날에 땅의 물이 말랐다. 노아가 방주 뚜껑을 열고 내다보니 과연 땅바닥이 말라 있었다.

After waiting seven more days he sent out the dove, and now it returned to him no more. It was in the six hundred and first year of Noah's life, in the first month and on the first of that month, that the water dried up from the earth. Noah lifted back the hatch of the ark and looked out. The surface of the ground was dry!

다시 드러난 땅　　　　　　　　흠정영역성서(1708년, 런던)

창세기 Genesis 8:15-17

하느님께서 노아에게 이르셨다. "너는 아내와 아들들과 며느리들과 함께 방주에서 나와라. 모든 생물들, 너와 함께 있는 모든 살덩어리들, 곧 새와 짐승과 땅을 기어 다니는 모든 것을 데리고 나와라. 그래서 그것들이 땅에 우글거리며 번식하고 번성하게 하여라."

Then God said to Noah, "Come out of the ark, you yourself, your wife, your sons, and your sons' wives with you. As for all the animals with you, all things of flesh, whether birds or animals or reptiles that crawl on the earth, bring them out with you. Let them swarm on the earth; let them be fruitful and multiply on the earth."

방주에서 나오다 — 율리우스 슈노르 폰 카롤스펠트 작

창세기 8:20

노아는 주님을 위하여 제단을 쌓고, 모든 정결한 짐승과 모든 정결한 새들 가운데에서 번제물을 골라 그 제단 위에 바쳤다.

무지개 흠정영역성서(1708년, 런던)

Genesis 8:20

Noah built an altar for Yahweh, and choosing from all the clean animals and all the clean birds he offered burnt offerings on the altar.

무지개 율리우스 슈노르 폰 카롤스펠트 작

창세기 9:11, 13

“내가 너희와 새로운 계약을 세우니, 다시는 홍수로 모든 살덩어리들이 멸망하지 않고, 다시는 땅을 파멸시키는 홍수가 일어나지 않을 것이다. 내가 무지개를 구름 사이에 둘 것이니, 이것이 나와 땅 사이에 세우는 계약의 표징이 될 것이다.”

무지개 　　　　루트비히 리히터 작

Genesis 9:11, 13

"I establish my Covenant with you: no thing of flesh shall be swept away again by the waters of the flood. There shall be no flood to destroy the earth again. I set my bow in the clouds and it shall be a sign of the Covenant between me and the earth."

무지개 루트비히 리히터 작

창세기 Genesis 9:20-22

농부인 노아는 포도밭을 가꾸는 첫 사람이 되었다. 그가 포도주를 마시고 취하여 벌거벗은 채 자기 천막 안에 누워 있었다. 그때 가나안의 조상 함이 자기 아버지의 알몸을 보고, 밖에 있는 두 형제에게 알렸다.

Noah, a tiller of the soil, was the first to plant the vine. He drank some of the wine, and while he was drunk he uncovered himself inside his tent. Ham, Canaan's ancestor, saw his father's nakedness, and told his two brothers outside.

포도주에 취한 노아 흠정영역성서(1708년, 런던)

창세기 Genesis 9:24-25

노아는 술에서 깨어나 작은아들이 한 일을 알고서, 이렇게 말하였다. “가나안은 저주를 받으리라. 그는 형제들의 가장 천한 종이 되리라.”

When Noah awoke from his stupor he learned what his youngest son had done to him. And he said: “Accursed be Canaan. He shall be his brothers’ meanest slave.”

가나안을 저주하는 노아 구스타프 도레 작

창세기 10:8-9

에티오피아는 니므롯을 낳았는데, 그가 세상의 첫 장사이다. 그는 주님 앞에도 알려진 용맹한 사냥꾼이었다. 그래서 "니므롯처럼 주님 앞에도 알려진 용맹한 사냥꾼"이라는 말이 생겼다.

아시리아의 왕과 헤라클레스

Genesis 10:8-9

Cush became the father of Nimrod who was the first potentate on earth. He was a mighty hunter before the eyes of Yahweh, hence the saying, "Like Nimrod, a mighty hunter in the eyes of Yahweh."

아시리아인들의 사냥

창세기 Genesis 10:10-12

그의 왕국은 신아르 지방의 바벨과 에렉과 아카드와 칼네에서 시작되었다. 그는 그 지방을 떠나 아시리아로 가서 니네베와 르호봇 이르와 켈라를 세우고, 니네베와 큰 성읍 켈라 사이에 레센을 세웠다.

First to be included in his empire were Babel, Erech and Accad, all of them in the land of Shinar. From this country came Ashur, the builder of Nineveh, Rehoboth-ir, Calah, and Resen between Nineveh and Calah (this is the great city).

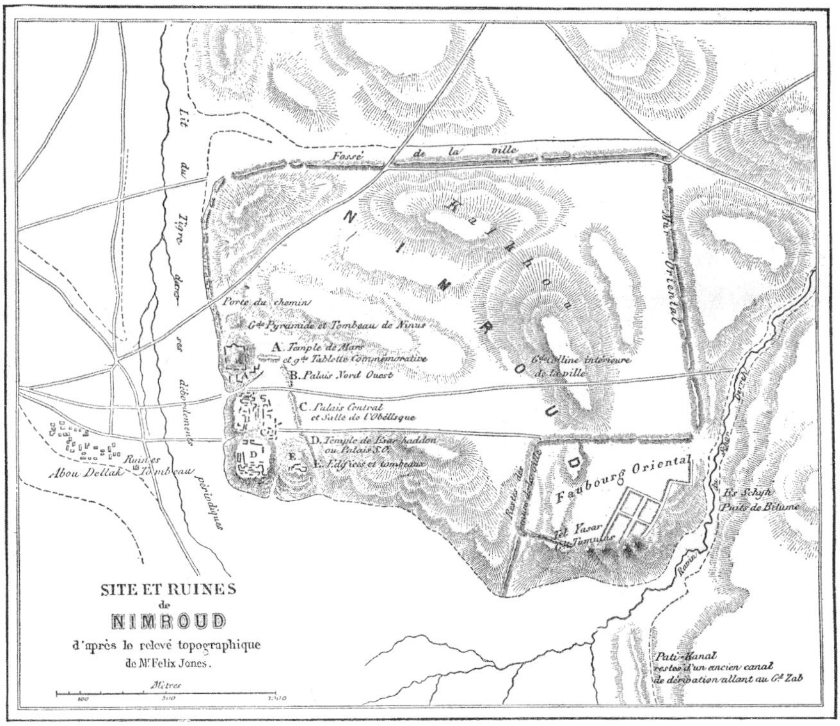

니므롯 지도

창세기 Genesis 11:1-3

사람들이 동쪽에서 이주해 오다가 신아르 지방에서 한 벌판을 만나 거기에 자리 잡고 살았다. 그들은 서로 말하였다. "자, 벽돌을 빚어 단단히 구워 내자."
Now as they moved eastward they found a plain in the land of Shinar where they settled. They said to one another, "Come, let us make bricks and bake them in the fire."

벽돌 만드는 사람들 흠정영역성서(1708년, 런던)

창세기 Genesis 11:4

그들은 또 말하였다. “자, 성읍을 세우고 꼭대기가 하늘까지 닿는 탑을 세워 이름을 날리자. 그렇게 해서 우리가 온 땅으로 흩어지지 않게 하자.”

“Come,” they said, “let us build ourselves a town and a tower with its top reaching heaven. Let us make a name for ourselves, so that we may not be scattered about the whole earth.”

바벨탑 구스타프 도레 작

창세기 11:5-6

“보라, 저들은 한 겨레이고 모두 같은 말을 쓰고 있다. 이것은 그들이 하려는 일의 시작일 뿐, 이제 그들이 하고자 하는 것은 무엇이든지 못할 일이 없을 것이다. 자. 우리가 내려가서 그들의 말을 뒤섞어 놓아, 서로 남의 말을 알아듣지 못하게 만들어 버리자.”

바벨탑 루카스 반 발켄보르그 작

Genesis 11:5-6

"So they are all a single people with a single language!" said Yahweh. "This is but the start of their undertakings! There will be nothing too hard for them to do. Come, let us go down and confuse their language on the spot so that they can no longer understand one another."

바벨탑 흠정영역성서(1708년, 런던)

창세기 Genesis 11:5-6

바벨탑 흠정영역성서(1708년, 런던)

창세기 11:8-9

주님께서는 그들을 거기에서 온 땅으로 흩어 버리셨다. 그래서 그들은 그 성읍을 세우는 일을 그만 두었다. 그리하여 그곳의 이름을 바벨이라 하였다. 주님께서 거기에서 온 땅의 말을 뒤섞어 놓으시고, 사람들을 온 땅으로 흩어 버리셨기 때문이다.

사람들이 흩어지다 율리우스 슈노르 폰 카롤스펠트 작

Genesis 11:8-9

Yahweh scattered them thence over the whole face of the earth, and they stopped building the town. It was named Babel therefore, because there Yahweh confused the language of the whole earth. It was from there that Yahweh scattered them over the whole face of the earth.

헤메라에서 본 바벨 폐허

창세기 Genesis 11:8-9

바벨탑 폐허

M. G. 르장 작

창세기 Genesis 11:31-32

테라는 아들 아브람과, 아들 하란에게서 난 손자 롯과, 아들 아브람의 아내인 며느리 사라이를 데리고, 가나안 땅으로 가려고 칼데아의 우르를 떠났다. 그러나 그들은 하란에 이르러 그곳에 자리 잡고 살았다. 테라는 이백 오 년을 살고 하란에서 죽었다.

Terah took his son Abram, and his grandson Lot the son of Haran, and his daughter-in-law the wife of Abram, and made them leave Ur of the Chaldeans to go to the land of Canaan. But on arrival in Haran they settled there. Terah's life lasted two hundred and five years; then he died at Haran.

우르의 신전 폐허

창세기 Genesis 12:1-3

주님께서 아브람에게 말씀하셨다. "네 고향과 친족과 아버지의 집을 떠나, 내가 너에게 보여 줄 땅으로 가거라. 나는 너를 큰 민족이 되게 하고, 너에게 복을 내리며, 너의 이름을 떨치게 하겠다. 세상의 모든 종족들이 너를 통하여 복을 받을 것이다."

Yahweh said to Abram, "Leave your country, your family and your father's house, for the land I will show you. I will make you a great nation; I will bless you and make your name so famous that it will be used as a blessing. All the tribes of the earth shall bless themselves by you."

하란을 떠나는 아브람 율리우스 슈노르 폰 카롤스펠트 작

창세기 Genesis 12:4-5

아브람은 주님께서 이르신 대로 길을 떠났다. 롯도 그와 함께 떠났다. 아브람이 하란을 떠날 때, 그의 나이는 일흔다섯 살이었다. 아브람은 아내 사라이와 조카 롯과, 자기가 모은 모든 재물과 하란에서 얻은 사람들을 데리고 가나안 땅을 향하여 길을 나서, 마침내 가나안 땅에 이르렀다.

So Abram went as Yahweh told him, and Lot went with him. Abram was seventy-five years old when he left Haran. Abram took his wife Sarai, his nephew Lot, all the possessions they had amassed and the people they had acquired in Haran. They set off for the land of Canaan, and arrived there.

가나안으로 떠나는 아브람 구스타프 도레 작

창세기 Genesis 12:10, 15-16

아브람은 나그네 살이 하려고 이집트로 내려갔다. 그 땅에 든 기근이 심하였기 때문이다. 그리하여 그 여자는 파라오의 궁전에 불려 갔다. 파라오는 사라이 때문에 아브람에게 잘해 주었다. 그래서 그는 양과 소와 수나귀, 남종과 여종, 암나귀와 낙타들을 얻게 되었다.

Abram went down into Egypt to stay there for the time, since the land was hard pressed by the famine. And the woman was taken into Pharaoh's palace. He treated Abram well because of her, and he received flocks, oxen, donkeys, men and women slaves, she-donkeys and camels.

아브람의 가축 흠정영역성서(1708년, 런던)

창세기 15:5-7

그리고는 그를 밖으로 데리고 나가서 말씀하셨다. "하늘을 쳐다보아라. 네가 셀 수 있거든 저 별들을 세어 보아라." 그에게 또 말씀하셨다. "너의 후손이 저렇게 많아질 것이다." 아브람이 주님을 믿으니, 주님께서 그 믿음을 의로움으로 인정해 주셨다. 주님께서 그에게 말씀하셨다. "나는 주님이다. 이 땅을 너에게 주어 차지하게 하려고, 너를 칼데아의 우르에서 이끌어 낸 이다."

무수한 별 흠정영역성서(1708년, 런던)

Genesis 15:5-7

Then taking him outside he said, "Look up to heaven and count the stars if you can. Such will be your descendants," he told him. Abram put his faith in Yahweh, who counted this as making him justified. "I am Yahweh," he said to him, "who brought you out of Ur of the Chaldeans to make you heir to this land."

아브람이 받은 첫 번째 약속　　　율리우스 슈노르 폰 카롤스펠트 작

창세기 Genesis 15:10-11

그는 이 모든 것을 주님께 가져와서 반으로 잘라, 잘린 반쪽들을 마주 보게 차려 놓았다. 그러나 날짐승들은 자르지 않았다. 맹금들이 죽은 짐승들 위로 날아들자, 아브람은 그것들을 쫓아냈다.

He brought him all these, cut them in half and put half on one side and half facing it on the other; but the birds he did not cut in half. Birds of prey came down on the carcasses but Abram drove them away.

제물　　흠정영역성서(1708년, 런던)

창세기 Genesis 17:3-5

아브람이 얼굴을 땅에 대고 엎드리자, 하느님께서 그에게 이르셨다. "나를 보아라. 너와 맺는 내 계약은 이것이다. 너는 많은 민족의 아버지가 될 것이다. 너는 더 이상 아브람이라 불리지 않을 것이다. 이제 너의 이름은 아브라함이다. 내가 너를 많은 민족들의 아버지로 만들었기 때문이다."

Abram bowed to the ground and God said this to him. "Here now is my covenant with you: you shall become the father of a multitude of nations. You shall no longer be called Abram; your name shall be Abraham, for I make you father of a multitude of nations."

너는 아브라함이다 1657년경, 렘브란트 작

창세기 Genesis 18:1-2

주님께서는 마므레의 참나무들 곁에서 아브라함에게 나타나셨다. 아브라함은 한창 더운 대낮에 천막 어귀에 앉아 있었다. 그가 눈을 들어 보니 자기 앞에 세 사람이 서 있었다.

Yahweh appeared to him at the Oak of Mamre while he was sitting by the entrance of the tent during the hottest part of the day. He looked up, and there he saw three men standing near him.

아브라함과 세 천사 구스타프 도레 작

창세기 Genesis 18:8

아브라함은 엉긴 젖과 우유와 요리한 송아지 고기를 가져다 그들 앞에 차려 놓았다. 그들이 먹는 동안 그는 나무 아래에 서서 그들을 시중들었다.

Then taking cream, milk and the calf he had prepared, he laid all before them, and they ate while he remained standing near them under the tree.

손님들을 대접하는 아브라함 흠정영역성서(1708년, 런던)

창세기 18:10-12

그러자 그분께서 말씀하셨다. "내년 이때에 내가 반드시 너에게 돌아올 터인데, 그때에는 너의 아내 사라에게 아들이 있을 것이다." 사라는 아브라함의 등 뒤 천막 어귀에서 이 말을 듣고 있었다. 아브라함과 사라는 이미 나이 많은 노인들로서, 사라는 여인들에게 있는 일조차 그쳐 있었다. 그래서 사라는 속으로 웃으면서 말하였다. '이렇게 늙어버린 나에게 무슨 육정이 일어나랴? 내 주인도 이미 늙은 몸인데.'

세 천사를 대접하는 아브라함 렘브란트 작

Genesis 18:10-12

Then his guest said, "I shall visit you again next year without fail, and your wife will then have a son." Sarah was listening at the entrance of the tent behind him. Now Abraham and Sarah were old, well on in years, and Sarah had ceased to have her monthly periods. So Sarah laughed to herself, thinking, "Now that I am past the age of childbearing, and my husband is an old man, is pleasure to come my way again!"

아들을 약속받는 아브라함 율리우스 슈노르 폰 카롤스펠트 작

창세기 Genesis 19:16-17

그런데도 롯이 망설이자 그 사람들은 롯과 그의 아내와 두 딸의 손을 잡고 성읍 밖으로 데리고 나갔다. 주님께서 롯에게 자비를 베푸셨기 때문이다. 그들은 롯의 가족을 밖으로 데리고 나와 말하였다. "달아나 목숨을 구하시오. 뒤를 돌아다보아서는 안 되오."

And as he hesitated, the men took him by the hand, and his wife and his two daughters, because of the pity Yahweh felt for him. They led him out and left him outside the town. As they were leading him out they said, "Run for your life. Never look behind you."

소돔에서 도망치는 롯 　　구스타프 도레 작

창세기 19:23-24

롯이 초아르에 다다르자 해가 땅 위로 솟아올랐다. 그때 주님께서 당신이 계신 곳 하늘에서 소돔과 고모라에 유황과 불을 퍼부으셨다.

유황불 흠정영역성서(1708년, 런던)

Genesis 19:23-24

As the sun rose over the land and Lot entered Zoar, Yahweh rained on Sodom and Gomorrah brimstone and fire from Yahweh.

소돔과 고모라의 멸망 알브레히트 뒤러 작

창세기 Genesis 19:25-26

그리하여 그 성읍들과 온 들판과 그 성읍의 모든 주민, 그리고 땅 위에 자란 것들을 모두 멸망시키셨다. 그런데 롯의 아내는 뒤를 돌아다보다 소금 기둥이 되어 버렸다.

He overthrew these towns and the whole plain, with all the inhabitants in the towns, and everything that grew there. But the wife of Lot looked back, and was turned into a pillar of salt.

소금 기둥　　흠정영역성서(1708년, 런던)

창세기 19:30-32

롯은 초아르를 떠나 산으로 올라가서 자기의 두 딸과 함께 살았다. 초아르에 사는 것이 두려웠기 때문이다. 그리하여 롯은 자기의 두 딸과 함께 굴속에서 살았다. 그때 맏딸이 작은딸에게 말하였다. "우리 아버지는 늙으셨고, 이 땅에는 세상의 풍속대로 우리에게 올 남자가 없구나. 자, 아버지에게 술을 드시게 하고 나서, 우리가 아버지와 함께 누워 그분에게서 자손을 얻자."

롯과 두 딸 마리 조세프 비앙 작

Genesis 19:30-32

After leaving Zoar Lot settled in the hill country with his two daughters, for he dared not to stay at Zoar. He made his home in a cave, himself and his two daughters. The elder said to the younger, "Our father is an old man, and there is not a man in the land to marry us in the way they do the world over. Come, let us ply our father with wine and sleep with him. In this way we shall have children by our father."

롯과 두 딸 파올로 베로네세 작

창세기 Genesis 19:30-32

롯과 두 딸 1635년경, 렘브란트 작

창세기 Genesis 20:16

그리고 사라에게 말하였다. "나는 그대의 오라버니에게 은전 천 닢을 주었소. 보시오, 그것은 그대와 함께 있는 모든 이들 앞에서 그대의 명예를 회복시켜 줄 것이오. 이로써 그대는 모든 면에서 결백하다는 것이 입증되었소."
To Sarah he said, "Look, I am giving one thousand pieces of silver to your brother. For you this will be compensation in the eyes of all those with you."

은화 천 개　　흠정영역성서(1708년, 런던)

창세기 Genesis 21:12-13

그러나 하느님께서 아브라함에게 말씀하셨다. "그 아이와 네 여종 때문에 언짢아하지 마라. 사라가 너에게 말하는 대로 다 들어 주어라. 이사악을 통하여 후손들이 너의 이름을 물려받을 것이다. 그러나 그 여종의 아들도 네 자식이니, 내가 그도 한 민족이 되게 하겠다."

But God said to him, "Do not distress yourself on account of the boy and your slave girl. Grant Sarah all she asks of you, for it is through Isaac that your name will be carried on. But the slave girl's son I will also make into a nation, for he is your child too."

하가르를 쫓아내는 아브라함　　구스타프 도레 작

창세기 Genesis 21:14

아브라함은 아침 일찍 일어나 빵과 물 한 가죽 부대를 가져다 하가르에게 주어 어깨에 메게 하고는, 그를 아기와 함께 내보냈다. 길을 나선 하가르는 브에르세바 광야에서 헤매게 되었다.

Rising early next morning Abraham took some bread and a skin of water and, giving them to Hagar, he put the child on her shoulder and sent her away. She wandered off into the wilderness of Beersheba.

아브라함에게 추방되는 하가르 필립 반 다이크 작

창세기 Genesis 21:15-16

가죽 부대의 물이 떨어지자 그 여자는 아기를 덤불 밑으로 내던져 버리고는, 활 한 바탕 거리만큼 걸어가서 아기를 마주하고 주저앉았다. '아기가 죽어가는 꼴을 어찌 보랴!' 하고 생각하였던 것이다. 이렇게 그는 아기를 마주하고 주저앉아 목 놓아 울었다.

When the skin of water was finished she abandoned the child under a bush. Then she went and sat down at a distance, about a bowshot away, saying to herself, "I cannot see the child die." So she sat at a distance; and the child wailed and wept.

광야의 하가르와 이스마엘 　　　　구스타프 도레 작

창세기 Genesis 21:17-18

하느님께서 아이의 목소리를 들으셨다. 그래서 하느님의 천사가 하늘에서 하가르를 부르며 말하였다. "하가르야, 어찌 된 일이냐? 두려워하지 마라. 하느님께서 저기에 있는 아이의 목소리를 들으셨다. 일어나 가서 아이를 들어 올려 네 손으로 꼭 붙들어라. 내가 그를 큰 민족으로 만들어 주겠다."

But God heard the boy wailing, and the angel of God called to Hagar from heaven. "What is wrong, Hagar?" he asked. "Do not be afraid, for God has heard the boy's cry where he lies. Come, pick up the boy and hold him safe, for I will make him into a great nation."

하가르에게 나타난 천사 1655–57년경, 렘브란트 작

창세기 Genesis 21:19-20

그런 다음 하느님께서 하가르의 눈을 열어 주시니, 그가 우물을 보게 되었다. 그는 가서 가죽 부대에 물을 채우고 아이에게 물을 먹였다. 하느님께서는 그 아이와 함께 계셨다.

Then God opened Hagar's eyes and she saw a well, so she went and filled the skin with water and gave the boy a drink. God was with the boy.

샘가의 하가르 1642-45년경, 렘브란트 작

창세기 Genesis 22:2

그분께서 말씀하셨다. "너의 아들, 네가 사랑하는 외아들 이사악을 데리고 모리야 땅으로 가거라. 그곳, 내가 너에게 일러 주는 산에서 그를 나에게 번제물로 바쳐라."

"Take your son," God said, "your only child Isaac, whom you love, and go to the land of Moriah. There you shall offer him as a burnt offering, on a mountain I will point out to you."

제사하러 가는 아브라함과 이사악 렘브란트 작

창세기 Genesis 22:6

그러고 나서 아브라함은 번제물을 사를 장작을 가져다 아들 이사악에게 지우고 자기는 손에 불과 칼을 들었다. 그렇게 둘은 함께 걸어갔다.

Abraham took the wood for the burnt offering, loaded it on Isaac, and carried in his own hands the fire and the knife. Then two of them set out together.

이사악을 바치려고 하다 구스타프 도레 작

창세기 22:7-9

이사악이 "불과 장작은 여기 있는데, 번제물로 바칠 양은 어디 있습니까?" 하고 묻자 아브라함이 "얘야, 번제물로 바칠 양은 하느님께서 손수 마련하실 거란다." 하고 대답하였다. 그들이 하느님께서 아브라함에게 말씀하신 곳에 다다르자, 아브라함은 그곳에 제단을 쌓고 장작을 얹어 놓았다. 그러고 나서 아들 이사악을 묶어 제단 장작 위에 올려놓았다.

이사악을 제물로 바치려 하는 아브라함 앙투안 코이펠 작

Genesis 22:7-9

"Look," he said,"here are fire and the wood, but where is the lamb for the burnt offering?" Abraham answered, "My son, God himself will provide the lamb for the burnt offering." When they arrived at the place God had pointed out to him, Abraham built an altar there, and arranged the wood. Then he bound his son Isaac and put him on the altar on the top of the wood.

아브라함의 제단 흠정영역성서(1708년, 런던)

창세기 22:10-12

아브라함이 손을 뻗쳐 칼을 잡고 자기 아들을 죽이려 하였다. 그때, 주님의 천사가 하늘에서 "이브라함아, 아브라함아!" 하고 그를 불렀다. 그가 "예, 여기 있습니다." 하고 대답하였다. 천사가 말하였다. "그 아이에게 손대지 마라. 그에게 아무 해도 입히지 마라. 네가 너의 아들, 너의 외아들까지 나를 위하여 아끼지 않았으니, 네가 하느님을 경외하는 줄을 이제 내가 알았다."

이사악을 바치려는 아브라함 율리우스 슈노르 폰 카롤스펠트 작

Genesis 22:10-12

Abraham stretched out his hand and seized the knife to kill his son. But the angel of Yahweh called to him from heaven. "Abraham, Abraham," he said. "I am here," he replied. "Do not raise your hand against the boy," the angel said. "Do not harm him, for now I know you fear God. You have not refused me your son, your only son."

이사악을 제물로 바치려 하다 렘브란트 작

창세기 Genesis 22:13-14

아브라함이 눈을 들어 보니, 덤불에 뿔이 걸린 숫양 한 마리가 있었다. 아브라함은 그 숫양을 끌어와 아들 대신 번제물로 바쳤다. 아브라함은 그곳의 이름을 '야훼 이레' 라 하였다. 그래서 오늘도 사람들은 '주님의 산에서 마련된다.' 고들 한다.

Then looking up, Abraham saw a ram caught by its horns in a bush. Abraham took the ram and offered it as a burnt offering in place of his son. Abraham called this place, "Yahweh provides," and hence the saying today: On the mountain Yahweh provides.

아브라함과 제물 흠정영역성서(1708년, 런던)

창세기 Genesis 23:19

그런 다음 아브라함은 가나안 땅 마므레, 곧 헤브론 맞은쪽 막펠라 밭에 있는 동굴에 자기 아내 사라를 안장하였다. 이렇게 하여 그 밭과 그 안에 있는 동굴이 히타이트 사람들에게서 아브라함에게로 넘어와 그의 묘지가 되었다.

After this Abraham buried his wife Sarah in the cave of the field of Machpelah opposite Mamre, in the country of Canaan. And so the field and the cave that was on it passed from the sons of Heth into Abraham's possession to be owned as a burial plot.

사라의 무덤 구스타프 도레 작

창세기 Genesis 24:10-11

그 종은 주인의 낙타 떼에서 열 마리를 데리고, 또 주인의 온갖 선물을 가지고 나호르가 사는 성읍인 아람 나하라임으로 길을 떠났다. 그는 여자들이 물을 길으러 나오는 시간인 저녁 때에, 성밖 우물 곁에 낙타들을 쉬게 하였다.

The servant took ten of his master's camels and something of the best of all his master owned, and set out for Aram Naharaim and Nahor's town. In the evening, at the time when women go down to draw water, he made the camels kneel outside the town near the well.

레베카와 아브라함의 종　　　율리우스 슈노르 폰 카롤스펠트 작

창세기 Genesis 24:15-16

그가 말을 마치기도 전에, 아브라함의 아우 나호르의 아내인 밀카의 아들 브투엘에게서 태어난 레베카가 어깨에 물동이를 메고 나왔다. 이 소녀는 아직 남자를 알지 못하는 아주 예쁜 처녀였다.

He had not finished speaking when Rebekah came out. She was the daughter of Bethuel, son of Milcah, wife of Abraham's brother Nahor. She had a pitcher on her shoulder. The girl was very beautiful, and a virgin; no man had touched her.

레베카와 아브라함의 종 구스타프 도레 작

창세기 24:19-20

이렇게 그 종에게 물을 마시게 한 해 준 다음, 레베카는 "낙타들도 물을 다 마실 때까지 계속 길어다 주겠습니다." 하면서, 서둘러 물동이에 남아 있는 물을 물통에 붓고는, 다시 물을 길으러 우물로 달려갔다.

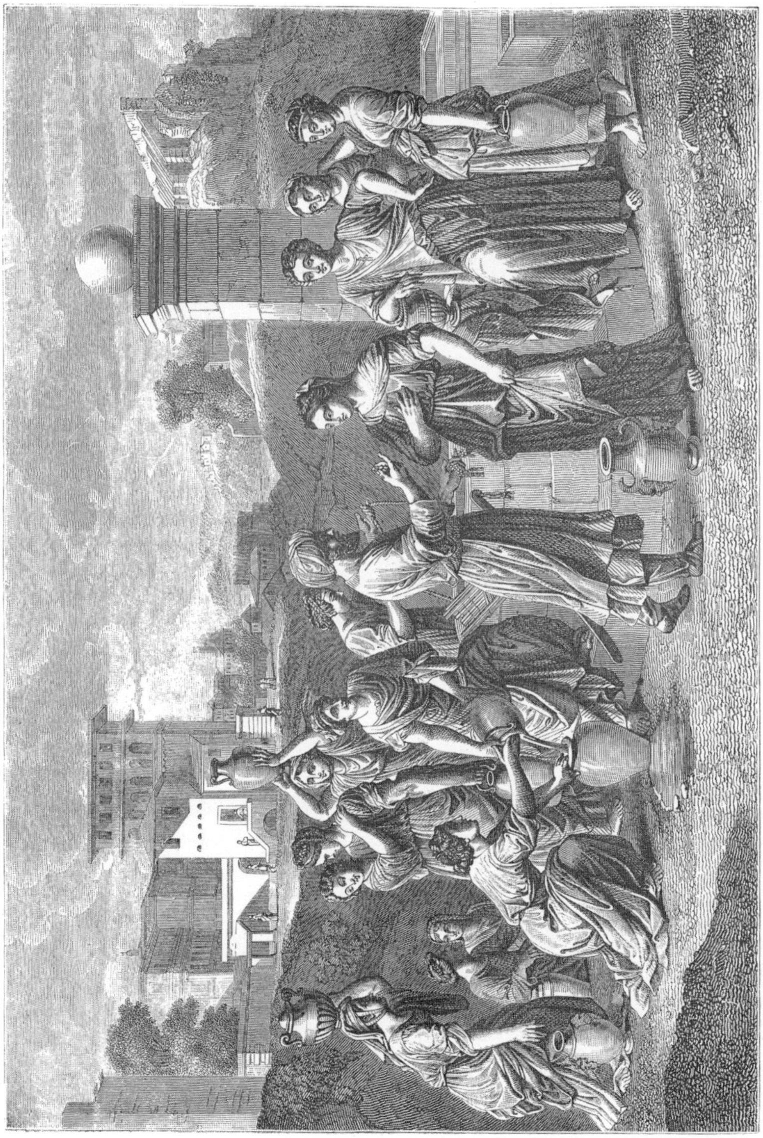

레베카와 아브라함의 종 니콜라 푸생 작

Genesis 24:19-20

When she had finished letting him drink, she said, "I will draw water for your camels, too, until they have had enough." She quickly emptied her pitcher into the trough, and ran to the well again to draw water.

레베카와 아브라함의 종 앙투안 코이펠 작

창세기 Genesis 24:67

이사악은 레베카를 자기 어머니 사라의 천막으로 데리고 들어가서, 그를 아내로 맞아들였다. 이사악은 레베카를 사랑하였다. 이로써 이사악은 어머니를 여읜 뒤에 위로를 받게 되었다.

Isaac led Rebekah into his tent and made her his wife; and he loved her. And so Isaac was consoled for the loss of his mother.

이사악과 레베카 구스타프 도레 작

창세기 Genesis 25:7-9

아브라함이 산 햇수는 백칠십오 년이다. 아브라함은 장수를 누린 노인으로, 한껏 살다가 숨을 거두고 죽어 선조들 곁으로 갔다. 그의 아들 이사악과 이스마엘이 그를 막펠라 동굴에 안장하였다.

The number of years Abraham lived was a hundred and seventy-five. Then Abraham breathed his last, dying at a ripe old age, an old man who had lived his full span of years; and he was gathered to his people. His sons Isaac and Ishmael buried him in the cave of Machpelah opposite Mamre.

이사악, 아브라함, 야곱　　　　라브라의 양탄자 그림

창세기 25:25-27

선둥이가 나왔는데 살갗이 붉고 온몸이 털투성이라, 그의 이름을 에사우라 하였다. 이어 동생이 나오는데, 그의 손이 에사우의 발뒤꿈치를 붙잡고 있어, 그의 이름을 야곱이라 하였다. 에사우는 솜씨 좋은 사냥꾼 곧 들사람이 되고, 야곱은 온순한 사람으로 천막에서 살았다.

털이 많은 에사우　　　　흠정영역성서(1708년, 런던)

Genesis 25:25-27

The first to be born was red, and as though he were completely wrapped in a hairy cloak; so they named him Esau. Then his brother was born, with his hand grasping Esau's heel; so they named him Jacob. Esau became a skilled hunter, a man of the open country. Jacob on the other hand was a quiet man, staying at home among the tents.

야곱과 에사우 　　　　　　　　　　　　　　　　　　　　마르틴 헤임스케르크 작

창세기 Genesis 25:31-32

그러나 야곱은 "먼저 형의 맏아들 권리를 내게 파시오." 하고 말하였다. 그러자 에사우가 대답하였다. "내가 지금 죽을 지경인데, 맏아들 권리가 내게 무슨 소용이겠느냐?"

Jacob said, "First sell me your birthright, then." Esau said, "Here I am at death's door; what use will my birthright be to me?"

장남의 권리를 파는 에사우 1650년경, 렘브란트 작

창세기 Genesis 25:33-34

에사우는 맹세하고 장자인 자기의 맏아들 권리를 야곱에게 팔아 넘겼다. 그러자 야곱이 빵과 불콩죽을 에사우에게 주었다. 그는 먹고 마시고서는 일어나 나갔다. 이렇게 에사우는 맏아들 권리를 대수롭지 않게 여겼다.

He gave him his oath and sold his birthright to Jacob. Then Jacob gave him bread and lentil soup, and after eating and drinking he got up and went. That was all Esau cared for his birthright.

팥죽을 먹는 에사우　　흠정영역성서(1708년, 런던)

창세기 27:24-25

이사악이 "네가 정말 내 아들 에사우냐?"하고 다져묻자, 그가 "예, 그렇습니다." 하고 대답하였다. 그러자 이사악이 말하였다. "그것을 나에게 가져오너라. 내 아들이 사냥한 고기를 먹고, 너에게 축복을 주겠다." 야곱이 그것을 가져다 드리니 그가 먹었다. 그리고 포도주를 가져다 드리니 그가 마셨다.

야곱을 축복하는 이사악 1652년경, 렘브란트 작

Genesis 27:24-25

He said, "Are you really my son Esau?" And he replied, "I am." Isaac said, "Bring it here that I may eat the game my son has brought, and so may give you my blessing." He brought it to him and he ate; he offered him wine, and he drank.

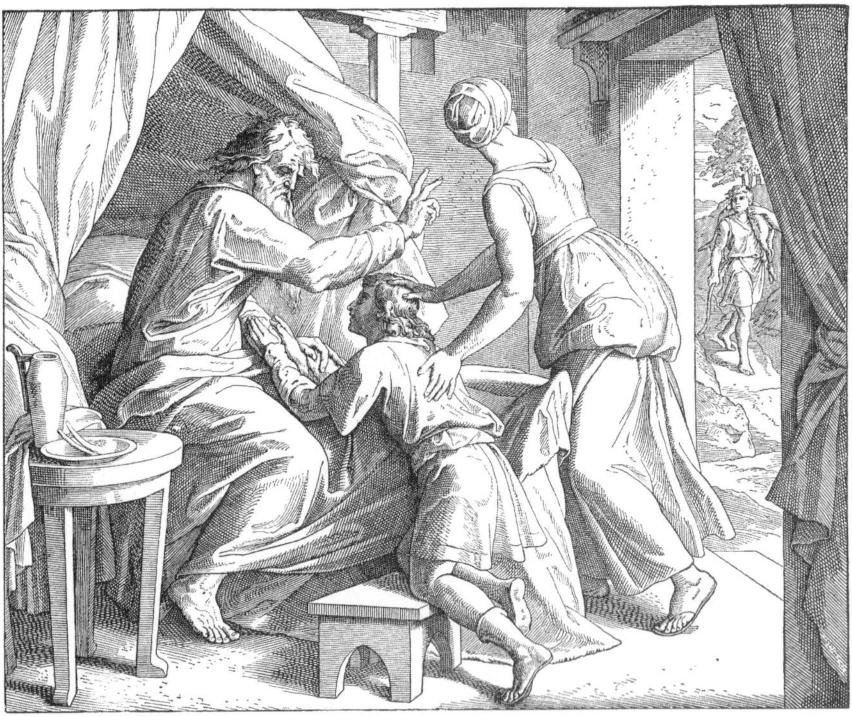

야곱을 축복하는 이사악 율리우스 슈노르 폰 카롤스펠트 작

창세기 Genesis 27:27-28

그가 가까이 가서 입을 맞추자, 이사악은 그의 옷에서 나는 냄새를 맡고 그에게 축복하였다. "하느님께서는 너에게 하늘의 이슬을 내려 주시리라. 땅을 기름지게 하시며 곡식과 술을 풍성하게 해 주시리라."

He went closer and kissed his father, who smelled the smell of his clothes. He blessed him saying: "May God give you dew from heaven, and the richness of the earth, abundance of grain and wine!"

야곱을 축복하는 이사악 구스타프 도레 작

창세기 Genesis 27:29

"뭇 민족이 너를 섬기고 뭇 겨레가 네 앞에 무릎을 꿇으리라. 너는 네 형제들의 지배자가 되고 네 어머니의 자식들은 네 앞에서 무릎을 꿇으리라. 너를 저주하는 자는 저주를 받고 너에게 축복하는 자는 복을 받으리라."

"May nations serve you and people bow down before you! Be master of your brothers; may sons of your mother bow down before you! Cursed be he who curses you; blessed be he who bless you!"

이삭의 죽음 얀 리벤스 작

창세기 28:10-11

야곱은 브에르 세바를 떠나 하란으로 가다가, 어떤 곳에 이르러 해가 지자 거기에서 밤을 지내게 되었다. 그는 그곳의 돌 하나를 가져다 머리에 베고 그곳에서 누워 잤다.

야곱의 꿈 1640년경, 렘브란트 작

Genesis 28:10-11

Jacob left Beersheba and set out for Haran. When he had reached a certain place he passed the night there, since the sun had set. Taking one of the stones to be found at that place, he made it his pillow and lay down where he was.

야곱의 꿈 주세페 포르타 작

창세기 Genesis 28:12

그가 꿈을 꾸었다. 그가 보니 땅에 층계가 세워져 있고 그 꼭대기는 하늘에 닿아 있는데, 하느님의 천사들이 그 층계를 오르내리고 있었다.

He had a dream: a ladder was there, standing on the ground with its top reaching heaven; and there were angels of God going up it and coming down.

천사들의 층계 흠정영역성서(1708년, 런던)

창세기 Genesis 28:13

주님께서 그 위에 서서 말씀하셨다. "나는 너의 아버지 아브라함의 하느님이며 이사악의 하느님인 주님이다. 나는 네가 누워 있는 이 땅을 너와 네 후손에게 주겠다."

And Yahweh was there, standing over him, saying, "I am Yahweh, the God of Abraham your father, and the God of Isaac. I will give to you and your descendants the land on which you are lying."

야곱의 꿈 율리우스 슈노르 폰 카롤스펠트 작

창세기 Genesis 28:15

“보라, 내가 너와 함께 있으면서 네가 어디를 가든지 너를 지켜 주고 너를 다시 이 땅으로 데려오겠다. 내가 너에게 약속한 것을 다 이루기까지 너를 떠나지 않겠다.”

“Be sure that I am with you; I will keep you safe wherever you go, and bring you back to this land, for I will not desert you before I have done all that I have promised you.”

야곱의 꿈 구스타프 도레 작

창세기 Genesis 28:18-19, 22

야곱은 아침 일찍 일어나, 머리에 베었던 돌을 가져다 기념 기둥으로 세우고 그 꼭대기에 기름을 부었다. 그러고는 그곳의 이름을 베텔이라 하였다. 그런 다음 야곱은 이렇게 서원하였다. "저는 당신께서 주시는 모든 것에서 십분의 일을 당신께 바치겠습니다."

Rising early in the morning, Jacob took the stone he had used for his pillow, and set it up as a monument, pouring oil over the top of it. He named the place Bethel. Jacob made this vow, "I will surely pay you a tenth part of all you give me."

베텔의 돌기둥　　　흠정영역성서(1708년, 런던)

창세기 Genesis 29:10-11

야곱은 자기 외숙 라반의 딸 라헬과 외숙 라반의 양떼를 보자, 다가가 우물에서 돌을 굴려 내고, 자기 외숙 라반의 양 떼에게 물을 먹였다. 그런 다음 야곱은 라헬에게 입 맞추고 목 놓아 울었다.

As soon as Jacob saw Rachel, the daughter of his uncle Laban, and the sheep of his uncle Laban, he came up and, rolling the stone off the mouth of the well, he watered the sheep of his uncle Laban. Jacob kissed Rachel and burst into tears.

우물가의 야곱과 라헬 율리우스 슈노르 폰 카롤스펠트 작

창세기 Genesis 29:13-14

라반은 자기 누이의 아들 야곱이 왔다는 소식을 듣고, 그에게 달려 나가 그를 껴안고 입 맞추고는 집으로 데리고 갔다. 야곱이 라반에게 자기의 일을 모두 알려주자, 라반이 그에게 말하였다. "정녕 너는 내 골육이다." 이리하여 야곱은 그 집에 한 달 동안 머물렀다.

야곱과 라반 　　장 레스투 작

Genesis 29:13-14

As soon as he heard her speak of his sister's son Jacob, Laban ran to meet him; and embracing him he kissed him warmly, and brought him to his house. Jacob told Laban everything that had happened, and Laban said to him, "Truly you are my bone and flesh!" And Jacob stayed with him for a month.

야곱과 라반 피에트로 다 코르토나 작

창세기 Genesis 29:13-14

야곱과 라반 렘브란트 작

창세기 Genesis 29:13-14

라반과 만나는 야곱 1652-55년경, 렘브란트 작

창세기 Genesis 29:16-17

라반에게는 딸이 둘 있었는데, 큰 딸의 이름은 레아였고 작은딸의 이름은 라헬이었다. 레아의 눈은 생기가 없었지만, 라헬은 몸매도 예쁘고 모습도 아름다웠다.

Now Laban had two daughters, the elder named Leah, and the younger Rachel. There was no sparkle in Leah's eyes, but Rachel was sharply and beautiful.

야곱, 라헬, 레아

창세기 Genesis 29:20

야곱은 라헬을 얻으려고 칠 년 동안 일을 하였다. 이것이 그에게는 며칠로 밖에 여겨지지 않았다. 그가 그만큼 라헬을 사랑하였던 것이다.

To win Rachel, therefore, Jacob worked seven years, and they seemed to him like a few days because he loved her so much.

라반의 양떼를 치는 야곱 구스타프 도레 작

창세기 Genesis 30:14

밀을 거두어들일 때, 르우벤이 밖에 나갔다가 들에서 합환채를 발견하고, 자기 어머니에게 갖다 드렸다. 라헬이 레아에게 "언니 아들이 가져온 합환채를 좀 나눠 줘요." 했다.

Going out when they were harvesting the corn, Reuben found some mandrakes and brought them to his mother Leah. Rachel said to Leah, "Please give me some of your son's mandrakes."

합환채 흠정영역성서(1708년, 런던)

창세기 Genesis 30:15

레아가 그에게 대답하였다. "내 남편을 가로 챈 것으로는 모자라, 내 아들의 합환채까지 가로채려느냐?" 그러자 라헬이 말하였다. "좋아요. 언니 아들이 가져온 합환채를 주면, 그 대신 오늘 밤에는 그이가 언니와 함께 자게 해 주지요."
But Leah replied, "Is it not enough to have taken my husband that you should want to take my son's mandrakes, too?" So Rachel said, "Very well, he shall sleep with you tonight in return for your son's mandrakes."

합환채와 레아 흠정영역성서(1708년, 런던)

창세기 Genesis 30:16

저녁에 야곱이 들에서 돌아오자, 레아가 나가 그를 맞으며 말하였다. "저에게 오셔야 해요. 내 아들의 합환채를 주고 당신을 빌렸어요." 그리하여 야곱은 그 날 밤에 레아와 함께 잤다.

When Jacob came back from the fields that night, Leah went out to meet him, saying, "You must come to me, for I have hired you at the price of my son's mandrakes." So he slept with her that night.

합환채와 레아 흠정영역성서(1708년, 런던)

창세기 Genesis 30:32

"오늘 제가 장인어른의 양과 염소 사이를 두루 다니면서, 얼룩지고 점 박힌 모든 양들을, 그리고 새끼 양들 가운데에서 검은 것들을 모두 가려내고 염소들 가운데에서도 점 박히고 얼룩진 것들을 가려내겠습니다. 이것들이 저의 품삯이 되게 해주십시오."

"Today I will go through all your flock. Take out of it every black animal among the sheep, and every speckled or spotted one among the goats. Such shall be my wages."

점 박히고 얼룩진 것들　　흠정영역성서(1708년, 런던)

창세기 30:37-38

야곱은 은백양나무와 편도나무와 버즘나무의 싱싱한 가지들을 꺾고, 흰 줄무늬 껍질을 벗겨 내어 가지의 하얀 부분이 드러나게 하였다. 그런 다음 껍질을 벗긴 가지들을 물통에, 곧 양들과 염소들이 물을 먹으러 오는 물구유에 세워, 가축들이 그 가지들을 마주 보게 하였다. 그런데 양들과 염소들은 물을 먹으러 와서 짝짓기를 하였다.

나뭇가지를 꺾는 야곱 흠정영역성서(1708년, 런던)

Genesis 30:37-38

Jacob gathered branches in sap, from poplar, almond and plane trees, and peeled them in white strips, laying bare the white on the branches. He put the branches he had peeled in front of the animals, in the troughs in the channels where the animals came to drink; and the animals mated when they came to drink.

양들과 염소들의 짝짓기　　　　흠정영역성서(1708년, 런던)

창세기 Genesis 31:41

"이 이십 년을 저는 장인 어른 댁에서 지냈습니다. 그 가운데 십사 년은 어른의 두 딸을 얻으려고, 그리고 육 년은 어른의 가축을 얻으려고 일을 해 드렸습니다. 그런데 장인 어른께서는 저의 품값을 열 번이나 바꿔 치셨습니다."

"These twenty years I have been in your house; fourteen years I have worked for you for your two daughters, and six years for your flock; and ten times you have changed my wages."

부자가 된 야곱 흠정영역성서(1708년, 런던)

창세기 Genesis 32:12-13

"제 형의 손에서, 에사우의 손에서 부디 저를 구해 주십시오. 그가 들이닥쳐서 어미 자식 할 것 없이 저희 모두를 치지나 않을까 저는 두렵습니다. 당신께서는 '내가 너에게 잘해 주고, 네 후손을 너무 많아 셀 수 없는 바다의 모래처럼 만들어 주겠다.' 하고 말씀하셨습니다."

"I implore you, save me from my brother's clutches, for I am afraid of him; he may come and attack us and the mothers and their children. Yet it was you who said, 'I will make you prosper, and make your descendants like the sand on the seashore, so many that it cannot be counted.'"

야곱의 기도 구스타프 도레 작

창세기 Genesis 32:21-22

야곱은 "선물을 먼저 보내어 형의 마음을 풀어야지. 그런 다음 그를 보게 되면, 그가 나를 좋게 받아들일지도 모르지." 하고 생각하였던 것이다. 이렇게 해서 야곱은 선물을 앞서 보내고, 자신은 그날 밤을 야영지에서 지냈다.

For he argued, "I shall conciliate him by sending a gift in advance; so when I come face to face with him he may perhaps receive me favorably." The gift went ahead of him, but he himself spent that night in the camp.

야곱이 형에게 바친 선물　　　　흠정영역성서(1708년, 런던)

창세기 Genesis 32:25-26

그런데 어떤 사람이 나타나 동이 틀 때까지 야곱과 씨름을 하였다. 그는 야곱을 이길 수 없다는 것을 알고 야곱의 엉덩이뼈를 쳤다. 그래서 야곱은 씨름을 하다 엉덩이뼈를 다치게 되었다.

And there was one that wrestled with him until daybreak who, seeing that he could not master him, struck him in the socket of his hip, and Jacob's hip was dislocated as he wrestled with him.

천사와 씨름하는 야곱 흠정영역성서(1708년, 런던)

창세기 Genesis 32:29

그러자 그가 말하였다. "네가 하느님과 겨루고 사람들과 겨루어 이겼으니, 너의 이름은 이제 더 이상 야곱이 아니라 이스라엘이라 불릴 것이다."

He said, "Your name shall no longer be Jacob, but Israel, because you have been strong against God, you shall prevail against men."

너는 이스라엘이다 구스타프 도레 작

창세기 Genesis 32:32-33

야곱이 프니엘을 지날 때 해가 그의 위로 떠올랐다. 그는 엉덩이뼈 때문에 절룩거렸다. 그래서 이스라엘 자손들은 오늘날까지도 짐승의 엉덩이뼈에 있는 허벅지 힘줄을 먹지 않는다.

The sun rose as he left Peniel, limping because of his hip. That is the reason why to this day the Israelites do not eat the sciatic nerve which is in the socket of the hip.

축복을 요구하는 야곱 　　 율리우스 슈노르 폰 카롤스펠트 작

창세기 Genesis 33:1-2

야곱이 눈을 들어 보니, 에사우가 장정 사백 명과 함께 오고 있었다. 그래서 그는 레아와 라헬과 두 여종에게 아이들을 나누어 맡긴 다음, 두 여종과 그들의 아이들을 앞에 세우고, 레아와 그의 아이들을 그 뒤에, 그리고 라헬과 요셉을 맨 뒤에 세웠다.

Looking up Jacob saw Esau arriving with four hundred men. Accordingly he divided the children between Leah, Rachel and two slave girls. He put the slave girls and their children in front, with Leah and her children following, and Rachel and Joseph behind.

형제의 포옹　　　　흠정영역성서(1708년, 런던)

창세기 Genesis 33:3-4

야곱 자신은 그들보다 앞장서 가면서, 형에게 다가갈 때까지 일곱 번 땅에 엎드려 절하였다. 그러자 에사우가 야곱에게 달려와서 그를 껴안았다. 에사우는 야곱의 목을 끌어안고 입 맞추었다. 그들은 함께 울었다.

He himself went ahead of them and bowed to the ground seven times before going up to his brother. But Esau ran to meet him, took him in his arms and held him close and wept.

야곱과 에사우의 만남 구스타프 도레 작

창세기 Genesis 33:8-9

에사우가 물었다. "내가 오다가 만난 그 무리는 모두 무엇하려는 것이냐?" 야곱이 대답하였다. "주인께서 저에게 호의를 베풀어 주셨으면 해서 준비한 것입니다." 에사우가 "내 아우야, 나에게도 많다. 네 것은 네가 가져라."

Esau asked, "What was the meaning of all the company that I have met?" "It is to win my lord's favor," he replied. "Brother, I have plenty," Esau answered, "keep what is yours."

야곱과 에사우의 화해 율리우스 슈노르 폰 카롤스펠트 작

창세기 Genesis 33:16-17

그날로 에사우는 길을 떠나 세이르로 돌아가고, 야곱은 수콧으로 가서 자기가 살 집을 짓고 가축들을 위한 초막들을 만들었다.

So that day Esau resumed his journey to Seir. But Jacob left for Succoth, where he built himself a house and made shelters for his livestock.

가나안에 돌아가는 야곱 야코보 바사노 작

창세기 Genesis 33:18-19

야곱은 파딴 아람을 떠나 가나안 땅에 있는 스켐 성읍에 무사히 이르러, 그 성읍 앞에 천막을 쳤다. 그리고 자기가 천막을 친 땅을 스켐의 아버지 하모르의 아들들에게서 돈 백 닢을 주고 샀다.

Jacob arrived safely at the town of Shechem in Canaanite territory, on his return from Paddan-aram. He encamped opposite the town and for one hundred pieces of silver he bought from the sons of Hamor, the father of Shechem, the piece of land on which he had pitched his tent.

스켐의 밭 매입　　　　　　　　　흠정영역성서(1708년, 런던)

창세기 Genesis 35:6, 8

야곱은 자기에게 딸린 모든 사람과 함께 가나안 땅에 있는 루즈 곧 베텔에 다다랐다. 그때 레베카의 유모 드보라가 죽어, 베텔 아래에 있는 참나무 밑에 묻혔다. 그래서 그곳의 이름을 알론 바쿳이라 하였다.

Jacob arrived at Luz in the land of Canaan—Bethel, in other words—and all the people with him. Deborah, who had been Rebekah's nurse, died and was buried below Bethel, under the oak tree; so they named it the Oak of Tears.

드보라의 무덤 흠정영역성서(1708년, 런던)

창세기 Genesis 36:24

치브온의 아들들은 이러하다. 곧 아야와 아나이다. 아나는 자기 아버지 치브온의 나귀를 치다가 광야에서 온천을 발견한 사람이다.

Here are the sons of Zibeon: Aiah, Anah—the Anah who found the hot springs in the wilderness as he pastured the donkeys of his father Zibeon.

온천의 발견 흠정영역성서(1708년, 런던)

창세기 37:10-11

이렇게 그가 아버지와 형들에게 이야기하자, 그의 아버지가 그를 꾸짖어 말하였다. "네가 꾸었다는 그 꿈이 대체 무엇이냐? 그래, 나와 네 어머니와 네 형들이 너에게 나아가 땅에 엎드려 큰절을 해야 한단 말이냐?" 형들은 그를 시기하였지만, 그의 아버지는 이 일을 마음에 간직하였다.

요셉의 꿈 이야기를 듣는 야곱 부부　　1638년경, 렘브란트 작

Genesis 37:10-11

He told his father and brothers, and his father scolded him. “A fine dream to have!” he said to him. “Are all of us then, myself, your mother and your brothers, to come and bow to the ground before you?” His brothers were jealous of him, but his father kept the thing in mind.

질투 J. L. 아몽 작

창세기 37:23-25

이윽고 요셉이 형들에게 다다르자, 그들은 그의 저고리, 곧 그가 입고 있던 긴 저고리를 벗기고, 그를 잡아 구덩이에 던졌다. 그것은 물이 없는 빈 구덩이였다. 그들이 앉아 빵을 먹다가 눈을 들어 보니, 길앗에서 오는 이스마엘인들의 대상이 보였다. 그들은 여러 낙타에 향고무와 유향과 반일향을 싣고, 이집트로 내려가는 길이었다.

낙타 대상　　흠정영역성서(1708년, 런던)

Genesis 37:23-25

So when Joseph reached his brothers, they pulled off his coat, the coat with long sleeves that he was wearing, and catching hold of him they threw him into the well, an empty well with no water in it. Then they sat down to eat. Looking up they saw a group of Ishmaelites who were coming from Gilead, their camels laden with gum, tragacanth, balsam and resin, which they were taking down into Egypt.

향품 등을 실은 낙타들 흠정영역성서(1708년, 런던)

창세기 37:26-28

그때 유다가 형제들에게 말하였다. "자, 그 아이를 이스마엘인들에게 팔아 버리고, 우리는 그 아이에게 손을 대지 말자. 그래도 그 아이는 우리 아우고 우리 살붙이가 아니냐?" 그러자 형제들은 그의 말을 듣기로 하였다. 그때에 미디안 상인들이 지나가다가 요셉을 구덩이에서 끌어내었다. 그들은 요셉을 이스마엘인들에게 은전 스무 닢에 팔아 넘겼다. 이들이 요셉을 이집트로 데리고 갔다.

팔려가는 요셉 페드로 데 모야 작

Genesis 37:26-28

Then Judah said to his brothers, "Come, let us sell him to the Ishmaelites, but let us not do any harm to him. After all, he is our brother, and our own flesh." His brothers agreed. Now some Midianite merchants were passing, and they drew Joseph up out of the well. They sold Joseph to the Ishmaelites for twenty silver pieces, and these men took Joseph to Egypt.

팔려가는 요셉 구스타프 도레 작

창세기 Genesis 37:26-28

팔려가는 요셉 율리우스 슈노르 폰 카롤스펠트 작

창세기 Genesis 37:26-28

팔려가는 요셉 1651-52년경, 렘브란트 작

창세기 Genesis 37:29-30

르우벤이 구덩이로 돌아와 보니, 그 구덩이 안에 요셉이 없었다. 그는 자기 옷을 찢고, 형제들에게 돌아가 말하였다. "그 애가 없어졌다. 난, 나는 어디로 가야 한단 말이냐?"

When Reuben went back to the well there was no sign of Joseph. Tearing his clothes, he went back to his brothers. "The boy has disappeared," he said. "What am I going to do?"

이집트로 가는 대상　　　　　　　　흠정영역성서(1708년, 런던)

창세기 Genesis 37:33-34

그가 그것을 살펴보고 말하였다. "내 아들의 저고리다. 사나운 짐승이 잡아먹었구나. 요셉이 찢겨 죽은 게 틀림없다." 야곱은 옷을 찢고 허리에 자루옷을 두른 뒤, 자기 아들의 죽음을 오랫동안 슬퍼하였다.

He examined it and exclaimed, "It is my son's coat! A wild beast has devoured him. Joseph has been the prey of some animal and has been torn to pieces." Jacob, tearing his clothes and putting on a loincloth of sackcloth, mourned his son for a long time.

요셉의 외투 렘브란트 작

창세기 39:7-9

요셉은 몸매와 모습이 아름다웠다. 이런 일이 있고 난 뒤, 주인의 아내가 요셉에게 눈길을 보내며 "나와 함께 자요!" 하고 말하였다. 그러나 요셉은 거절하면서 주인의 아내에게 말하였다. "마님을 빼고서는 무엇 하나 저에게 금하시는 것이 없습니다. 마님은 주인어른의 부인이십니다. 그런데 제가 어찌 이런 큰 악을 저지르고 하느님께 죄를 지을 수 있겠습니까?"

요셉과 포티파르의 아내　　렘브란트 작

Genesis 39:7-9

Now Joseph was well built and handsome, and it happened some time later that his master's wife looked desirously at him and said, "Sleep with me." But he refused, and answered his master's wife, "He has withheld nothing from me except yourself, because you are his wife. How could I do anything so wicked, and sin against God?"

유혹을 뿌리치는 요셉 알레산드로 베로네세 작

창세기 Genesis 40:5, 8

그러던 어느 날 밤 이 두 사람, 곧 감옥에 갇힌 이집트 임금의 헌작 시종과 제빵 시종이 저마다 뜻이 다른 꿈을 꾸었다. 요셉이 그들에게 말하였다. "꿈 풀이는 하느님만이 하실 수 있는 일이 아닙니까? 저에게 말씀해 보십시오."

Now both of them had dreams on the same night, each with its own meaning for the cupbearer and the baker of the king of Egypt, who were prisoners in the jail. "Are not interpretations God's business?" Joseph asked them. "Come, tell me."

죄수의 꿈을 해몽하는 요셉 1652년경, 렘브란트 작

창세기 Genesis 41:1, 5-7

밀대 하나에서 살지고 좋은 이삭 일곱이 올라왔다. 그 뒤를 이어 야위고 샛바람에 바싹 마른 이삭 일곱이 솟아났는데, 이 야윈 이삭들이 살지고 여문 그 일곱 이삭을 삼켜 버리는 것이었다.

There, growing on one stalk, were seven ears of corn full and ripe. And sprouting up after them came seven ears of corn, meager and scorched by the east wind. The scanty ears of corn swallowed the seven full and ripe ears of corn.

꿈에 본 이삭들 흠정영역성서(1708년, 런던)

창세기 Genesis 41:26

"좋은 암소 일곱 마리는 일곱 해를 뜻합니다. 좋은 이삭 일곱도 일곱 해를 뜻합니다. 그러므로 그 꿈은 한 가지입니다."

"The seven fine cows are seven years and the seven ripe ears of corn are seven years.; it is one and the same dream."

파라오의 꿈을 해몽해 주는 요셉 구스타프 도레 작

창세기 Genesis 41:29-30

"앞으로 오게 될 일곱 해 동안, 이집트 온 땅에는 대풍이 들겠습니다. 그러나 그 뒤를 이어 일곱 해 동안은 기근이 들겠습니다. 그러면 이집트 땅에서는 전에 들었던 그 모든 대풍이 잊혀지고, 기근이 이 땅을 고갈시켜 버릴 것입니다."

"Seven years are coming, bringing great plenty to the whole land of Egypt, but seven years of famine will follow them, when all the plenty in the land of Egypt will be forgotten, and famine will exhaust the land."

파라오의 꿈을 해몽 해주는 요셉 율리우스 슈노르 폰 카롤스펠트 작

창세기 Genesis 41:39-40

그런 다음 파라오는 요셉에게 말하였다. "하느님께서 이 모든 것을 알려 주셨으니, 그대처럼 슬기롭고 지혜로운 사람이 또 있을 수 없소. 내 집을 그대 손 아래 두겠소. 내 모든 백성은 그대 명령을 따를 것이오. 나는 왕좌 하나로만 그대보다 높을 따름이오."

So Pharaoh said to Joseph, "Seeing that God has given you knowledge of all this, there can be no one as intelligent and wise as you. You shall be my chancellor, and all my people shall respect your orders; only this throne shall set me above you."

이집트를 다스리는 요셉 율리우스 슈노르 폰 카롤스펠트 작

창세기 Genesis 41:56-57

기근이 온 땅에 퍼지자, 요셉은 곡식 창고를 모두 열고 이집트인들에게 곡식을 팔았다. 이집트 땅에 기근이 심하였지만, 온 세상은 요셉에게 곡식을 사려고 이집트로 몰려들었다. 온 세상에 기근이 심하였기 때문이다.

There was famine all over the world. Then Joseph opened all the granaries and sold grain to the Egyptians. The famine grew worse in the land of Egypt. People came to Egypt from all over the world to buy grain from Joseph, for the famine had grown severe throughout the world.

곡식을 파는 요셉 바르톨로메우스 브레인베르그 작

창세기 Genesis 42:36

아버지 야곱이 그들에게 말하였다. "너희가 내게서 자식들을 빼앗아 가는구나! 요셉이 없어졌고 시메온도 없어졌는데, 이젠 벤야민마저 데려가려 하는구나. 이 모든 것이 나에게 들이닥치다니!"

Then their father Jacob said to them, "You are robbing me of my children; Joseph is no more; Simeon is no more; and now you want to take Benjamin. All this I must bear."

벤야민을 데려가는 형제들 1638~40년경, 렘브란트 작

창세기 Genesis 43:8

유다가 아버지 이스라엘에게 말하였다. "그 아이를 저와 함께 보내 주십시오. 그러면 저희가 일어나 떠나가겠습니다. 그래야 저희도, 아버지도, 그리고 저희의 어린 것들도 죽지 않고 살 수 있지 않겠습니까?"

Judah said to his father Israel, "Send the boy with me. Let us start off and go, so that we may save our lives and not die, we, you, and our dependants."

유다의 간청 흠정영역성서(1708년, 런던)

창세기 Genesis 45:3

요셉이 형제들에게 말하였다. "내가 요셉입니다! 아버지께서는 아직 살아 계십니까?" 그러나 형제들은 요셉 앞에서 너무나 놀라, 그에게 대답할 수가 없었다.

Joseph said to his brothers, "I am Joseph. Is my father really still alive?" His brothers could not answer him, they were so dismayed at the sight of him.

자기 정체를 밝히는 요셉 구스타프 도레 작

창세기 Genesis 45:14

그러고 나서 요셉은 자기 아우 벤야민의 목을 껴안고 울었다. 벤야민도 그의 목을 껴안고 울었다.

Then throwing his arms around the neck of his brother Benjamin he wept; and Benjamin wept on this shoulder.

벤야민을 포옹하는 요셉 율리우스 슈노르 폰 카롤스펠트 작

창세기 Genesis 45:15

요셉은 형들과도 하나하나 입을 맞추고 그들을 붙잡고 울었다. 그제야 형들은 그와 이야기하였다.

He kissed all his brothers, weeping over them. After which his brothers talked with him.

형제들을 포옹하는 요셉 흠정영역성서(1708년, 런던)

창세기 Genesis 45:27-28

그러나 요셉이 한 말을 다 전해 듣고, 요셉이 자기를 데려오라고 보낸 수레들을 보자, 아버지 야곱은 정신이 들었다. "내 아들 요셉이 살아 있다니, 이제 여한이 없구나! 내가 죽기 전에 가서 그 아이를 봐야겠다." 하고 이스라엘은 말하였다.
However, when they told him all Joseph had said to them, and when he saw the wagons that Joseph had sent to fetch him, the spirit of their father Jacob revived, and Israel said, "That is enough! My son Joseph is still alive. I must go and see him before I die."

이집트로 가는 야곱 구스타프 도레 작

창세기 46:26-27

야곱과 함께 이집트로 들어간 사람들은 야곱의 며느리들을 뺀 직계 자손들이 모두 예순 여섯 명이다. 이집트에서 태어난 요셉의 아들들은 둘이다. 그래서 이집트로 들어간 야곱의 집안 식구는 모두 일흔 명이다.

The people who went to Egypt with Jacob, of his own blood and not counting the wives of Jacob's sons, numbered sixty-six all told. Joseph's sons born to him in Egypt were two in number. The members of the family of Jacob who went to Egypt totaled seventy.

야곱 가문　　　　　　　　　　　　　흠정영역성서(1708년, 런던)

창세기 46:28-29

이스라엘은 자기보다 유다를 요셉에게 보내어, 고센으로 오게 하였다. 그런 다음 그들은 고센 지방에 이르렀다. 요셉은 자기 병거를 준비시켜, 아버지 이스라엘을 만나러 고센으로 올라갔다. 요셉은 그를 보자 목을 껴안았다. 목을 껴안은 채 한참 울었다.

Israel sent Judah ahead to Joseph, so that the latter might present himself to him in Goshen. When they arrived in the land of Goshen, Joseph had his chariot made ready and went up to meet his father Israel in Goshen. As soon as he appeared he threw his arms around his neck and for a long time wept on his shoulder.

야곱이 요셉과 만나다 율리우스 슈노르 폰 카롤스펠트 작

창세기 Genesis 49:1, 5-7

야곱이 아들들을 불러 말하였다. "시메온과 레위는 형제, 그들의 칼은 폭행의 도구. 포악한 그들의 격분, 잔악한 그들의 분노는 저주를 받으라."
Jacob called his sons and said, "Simeon and Levi are brothers, they carried out their malicious plans. Accursed be their rage for its ruthlessness, their wrath for its ferocity."

칼은 폭력의 도구　　흠정영역성서(1708년, 런던)

창세기 Genesis 49:9-10

"유다는 어린 사자. 내 아들아, 너는 네가 잡은 짐승을 먹고 컸다. 유다에게 조공을 바치고 민족들이 그에게 순종할 때까지 왕홀이 유다에게서, 지휘봉이 그의 다리 사이에서 떠나지 않으리라."

"Judah is a lion cub, you climb back, my son, from your kill; The scepter shall not pass from Judah, nor the mace from between his feet, until he come to whom it belongs, to whom the peoples shall render obedience."

유다는 사자다 흠정영역성서(1708년, 런던)

창세기 Genesis 49:11-12

"그는 제 어린 나귀를 포도 줄기에, 새끼 나귀를 좋은 포도나무에 매고 포도주로 제 옷을, 포도의 붉은 즙으로 제 겉옷을 빤다. 그의 눈은 포도주보다 검고 그의 이는 우유보다 희다."

"He ties up his young ass to the vine, to its stock the foal of his she-ass. He washes his coat in wine, his cloak in the blood of the grape; his eyes are cloudy with wine, his teeth are white with milk."

포도나무에 매인 암나귀　　　　흠정영역성서(1708년, 런던)

창세기 Genesis 49:16-17

"단은 이스라엘의 여느 지파처럼 제 백성을 정의로 다스리리라. 단은 길가의 뱀, 오솔길의 독사. 말 뒤꿈치를 물어 그 위에 탄 사람이 뒤로 떨어진다."

"Dan is judge of his people like each one of the tribes of Israel. May Dan be a serpent on the road, a viper on the path, who bites the horse on the hock and its rider falls backward."

단은 길가의 뱀이다　　흠정영역성서(1708년, 런던)

창세기 Genesis 49:21

"납탈리는 풀어 놓은 암사슴, 예쁜 새끼들을 낳는다."

"Naphtali is a swift hind, dropping beautiful fawns."

납탈리는 암사슴이다 흠정영역성서(1708년, 런던)

창세기 Genesis 49:27-28

"벤야민은 약탈하는 이리, 아침에는 움켜쥔 것을 먹고 저녁에는 잡은 것을 나눈다." 이들이 모두 이스라엘의 열두 지파다. 이것은 그들의 아버지가 그들 각자에게 알맞은 복을 빌어 주면서 한 말이다.

"Benjamin is a ravening wolf, in the morning he devours his prey, in the evening he is still dividing the spoil."All these made up the tribes of Israel, twelve in number, and this is what their father said to them. He blessed them, giving to each one an appropriate blessing.

벤야민은 이리다　　　　　흠정영역성서(1708년, 런던)

창세기 Genesis 50:2-3

그런 다음 요셉이 자기 시의들에게 아버지의 몸을 방부 처리하도록 명령하자, 시의들이 이스라엘의 몸을 방부 처리하였다. 그들이 이 일을 하는 데에 사십 일이 걸렸다. 그리고 이집트인들은 야곱의 죽음을 애도하여 칠십 일 동안 곡을 하였다.

Then Joseph ordered the doctors in his service to embalm his father. The doctors embalmed Israel, and it took them forty days. The Egyptians mourned him for seventy days.

야곱의 시신 처리 흠정영역성서(1708년, 런던)

탈출기
Exodus

탈출기 Exodus 1:8-9

그런데 요셉을 알지 못하는 새 임금이 이집트에 군림하게 되었다. 그가 자기 백성에게 말하였다. "보아라, 이스라엘 백성이 우리보다 더 많고 강해졌다."
Then there came to power in Egypt a new king who knew nothing of Joseph. "Look," he said to his subjects, "these people, the sons of Israel, have become so numerous and strong that they are a threat to us."

갈대 상자 속의 모세 흠정영역성서(1708년, 런던)

탈출기 Exodus 1:11-12

그래서 이집트인들은 강제노동으로 그들을 억압하려고 그들 위에 부역 감독을 세웠다. 그렇게 하여 이스라엘 백성은 파라오의 양식을 저장하는 성읍, 곧 피톰과 라메세스를 짓게 되었다. 그러나 그들은 억압을 받을수록 더욱 번성하여 더욱 널리 퍼져 나갔다.

Accordingly they put slave drivers over the Israelites to wear them down under heavy loads. In this way they built the store cities of Pithom and Rameses for Pharaoh. But the more they were crushed, the more they increased and spread.

나일 강의 아기 모세 구스타프 도레 작

탈출기 Exodus 1:15-16

이집트 임금이 히브리 산파들에게 말하였다. "너희는 히브리 여자들이 해산하는 것을 도와줄 때, 밑을 보고 아들이거든 죽여 버리고 딸이거든 살려 두어라."
The king of Egypt then spoke to the Hebrew midwives. "When you midwives attend Hebrew women ," he said, "watch the two stones carefully. If it is a boy, kill him; if a girl, let her live."

갈대밭의 아기 모세 피에르 파텔 작

탈출기 Exodus 1:22

마침내 파라오가 백성에게 명령하였다. "히브리인들에게 태어나는 아들은 모두 강에 던져 버리고, 딸은 모두 살려 두어라."

Pharaoh then gave his subjects this command: "Throw all the boys born to the Hebrews into the river, but let all the girls live."

아기 모세의 구출 구스타프 도레 작

탈출기 Exodus 2:1-2

레위 집안의 어떤 남자가 레위의 딸을 아내로 맞이하였다. 그 여자가 임신하여 아들을 낳았는데, 그 아기가 잘 생긴 것을 보고 석 달 동안 그를 숨겨 길렀다.

There was a man of the tribe of Levi who had taken a woman of Levi as his wife. She conceived and gave birth to a son and, seeing what a fine child he was, she kept him hidden for three months.

구출되는 아기 모세 프랑수아 밀레 작

탈출기 Exodus 2:3-4

그러나 더 숨겨 둘 수가 없게 되자, 왕골 상자를 가져다 역청과 송진을 바르고, 그 안에 아기를 뉘어 강가 갈대 사이에 놓아두었다. 그리고 아기의 누이가 멀찍이 서서 아기가 어떻게 되는지 지켜보고 있었다.

When she could hide him no longer, she got a papyrus basket for him; coating it with bitumen and pitch, she put the child inside and laid it among the reeds at the river's edge. His sister stood some distance away to see what would happen to him.

아기 모세의 구출

탈출기 Exodus 2:5

마침 파라오의 딸이 목욕하러 강으로 내려왔다. 시녀들은 강가를 거닐고 있었는데, 공주가 갈대 사이에 있는 상자를 보고, 여종 하나를 보내어 그것을 가져오게 하였다.

Now Pharaoh's daughter went down to bathe in the river, and the girls attending her were walking along by the riverside. Among the reeds she noticed the basket, and she sent her maid to fetch it.

아기 모세의 구출 율리우스 슈노르 폰 카롤스펠트 작

탈출기 Exodus 2:6

그것을 열어 보니 아기가 울고 있었다. 공주는 그 아기를 불쌍히 여기며, “이 아기는 히브리인들의 아이 가운데 하나로구나.” 하였다.

She opened it and looked, and saw a baby boy, crying; and she was sorry for him. “This is a child of one of the Hebrews,” she said.

구출되는 아기 모세 샤를르 드 라포스 작

탈출기 Exodus 2:8-9

파라오의 딸이 "그래, 가거라." 하자, 그 처녀가 가서 아기의 어머니를 불러왔다. 파라오의 딸이 그에게 말하였다. "이 아기를 데려다 나 대신 젖을 먹여 주게. 내가 직접 그대에게 삯을 주겠네."

"Yes, go," Pharaoh's daughter said to her; and the girl went off to find the baby's own mother. To her the daughter of Pharaoh said, "Take this child away and suckle it for me. I will see you are paid."

구출되는 아기 모세 조반니 프란체스코 로마넬리 작

탈출기 2:10

아이가 자라자 그 여인은 아이를 파라오의 딸에게 데려갔다. 공주는 그 아이를 아들로 삼고, "내가 그를 물에서 건져 냈다." 하면서 그 이름을 모세라 하였다.

아기 모세의 구출 라파엘로 작

Exodus 2:10

When the child grew up, she brought him to Pharaoh's daughter, who treated him like a son; she named him Moses because, she said, "I drew him out of the water."

강에서 구출되는 아기 모세 알브레히트 뒤러 작

탈출기 Exodus 3:1

모세는 미디안의 사제인 장인 이트로의 양 떼를 치고 있었다. 그는 양 떼를 몰고 광야를 지나 하느님의 산 호렙으로 갔다.

Moses was looking after the flock of Jethro, his father-in-law, priest of Midian. He led his flock to the far side of the wilderness and came to Horeb, the mountain of God.

양 떼를 치는 모세 흠정영역성서(1708년, 런던)

탈출기 Exodus 3:6

그분께서 다시 말씀하셨다. "나는 네 아버지의 하느님, 곧 아브라함의 하느님, 이사악의 하느님, 야곱의 하느님이다."

"I am the God of your father," he said, "the God of Abraham, the God of Isaac and the God of Jacob."

불타는 가시덤불 흠정영역성서(1708년, 런던)

탈출기 3:9-10

"이제 이스라엘 자손들이 울부짖는 소리가 나에게 다다랐다. 나는 이집트인들이 그들을 억누르는 모습도 보았다. 내가 이제 너를 파라오에게 보낼 터이니, 내 백성 이스라엘 자손들을 이집트에서 이끌어 내어라."

불타는 가시덤불 구스타프 도레 작

Exodus 3:9-10

"And now the cry of the sons of Israel has come to me, and I have witnessed the way in which the Egyptians oppress them, so come, I send you to Pharaoh to bring the sons of Israel, my people, out of Egypt."

모세와 불타는 덤불 1655년경, 렘브란트 작

탈출기 Exodus 3:12

하느님께서 대답하셨다. "내가 너와 함께 있겠다. 이것이 내가 너를 보냈다는 표징이 될 것이다. 내가 이 백성을 이집트에서 이끌어 내면, 너희는 이 산 위에서 하느님을 예배할 것이다."

"I shall be with you," was the answer, " and this is the sign by which you shall know that it is I who have sent you.... After you have led the people out of Egypt, you are to offer worship to God on this mountain."

이집트로 파견되는 모세　　　　율리우스 슈노르 폰 카롤스펠트 작

탈출기 Exodus 3:14

하느님께서 모세에게 "나는 있는 나다." 하고 대답하시고, 이어서 말씀하셨다. "너는 이스라엘 자손들에게 '〈있는 나〉께서 나를 너희에게 보내셨다.' 하여라."

And God said to Moses, "I Am who I Am. This," he added, "is what you must say to the sons of Israel: 'I Am has sent me to you.'"

모세와 십계명 석판

탈출기 Exodus 4:3

그분께서 말씀하셨다. "그것을 땅에 던져라." 모세가 지팡이를 땅에 던지니, 뱀이 되었다. 모세가 그것을 피해 물러섰다.

"Throw it on the ground," said Yahweh; so Moses threw his staff on the ground—it turned into a serpent and he drew back from it.

뱀으로 변한 지팡이 흠정영역성서(1708년, 런던)

탈출기 Exodus 4:6

그분께서 다시 그에게 말씀하셨다. "네 손을 품에 넣어 보아라." 그가 손을 품에 넣었다가 꺼내 보니, 그 손이 나병에 걸려 하얀 눈처럼 되어 있었다.

Again Yahweh said to Moses, "Put your hand into your bosom." He put his hand into his bosom and when he drew it out, his hand was covered with leprosy, white as snow.

나병에 걸린 손　　　　흠정영역성서(1708년, 런던)

탈출기 Exodus 4:24-25

모세가 길을 가다 어떤 곳에서 밤을 지내는데, 주님께서 그에게 달려들어 그를 죽이려 하셨다. 그러자 치포라가 날카로운 차돌을 가져다 제 아들의 포피를 자르고서는, 모세의 발에 대고 "나에게 당신은 피의 신랑입니다." 하고 말하였다.
On the journey, when Moses had halted for the night, Yahweh came to meet him and tried to kill him. At once Zipporah, taking up a flint, cut off her son's foreskin and with it she touched the genitals of Moses. "Truly you are a bridegroom of blood to me!" she said.

할례를 베푸는 치포라 흠정영역성서(1708년, 런던)

탈출기 Exodus 5:2

그러자 파라오가 대답하였다. "그 주님이 누구이기에 그의 말을 듣고 이스라엘을 내보내라는 것이냐? 나는 그 주님을 알지도 못할뿐더러, 이스라엘을 내보내지도 않겠다."

"Who is Yahweh," Pharaoh replied, "that I should listen to him and let Israel go? I know nothing of Yahweh, and I will not let Israel go."

이집트 사제들을 접견하는 파라오

탈출기 Exodus 5:6, 8-9

파라오는 그날로 이스라엘 백성을 부리는 작업 감독들과 조장들에게 명령하였다. "그들은 게을러져, '가서 저희 하느님께 제사를 드릴 수 있게 해 주십시오.' 하며 아우성치고 있다. 그자들의 일을 더 힘들게 하여라. 그러면 그들이 일만 하느라 허튼 말에 귀를 기울이지 않게 될 것이다."

That same day, Pharaoh gave this command to the people's slave drivers and to the overseers. "They are lazy, and that is why their cry is, 'Let us go and offer sacrifice to our God.' Make these men work harder than ever, so that they do not have time to stop and listen to glib speeches."

중노동에 시달리는 이스라엘 백성　　흠정영역성서(1708년, 런던)

탈출기 Exodus 7:7-9

그들이 파라오에게 말할 때, 모세는 여든 살, 아론은 여든세 살이었다. 주님께서 모세와 아론에게 말씀하셨다. "파라오가 너희에게 '기적을 일으켜 보아라.' 하거든, 너는 아론에게 지팡이를 집어 파라오 앞으로 던지라고 말하여라. 그것이 뱀이 될 것이다."

Moses was eighty years old, and Aaron eighty-three at the time of their audience with Pharaoh. Yahweh said to Moses and Aaron, "If Pharaoh says to you, 'Produce some marvel,' you must say to Aaron, 'Take your staff and throw it down in front of Pharaoh, and let it turn into a serpent.'"

파라오 앞의 모세와 아론 구스타프 도레 작

탈출기 Exodus 7:11-12

파라오도 현인들과 요술사들을 불러들였다. 이들 이집트의 요술사들도 자기네 요술로 그와 똑같이 하였다. 그들이 저마다 자기 지팡이를 던지자, 그것들도 큰 뱀이 되었다. 그러나 아론의 지팡이가 그들의 지팡이들을 삼켜 버렸다.

Then Pharaoh in his turn called for the sages and the sorcerers, and with their witchcraft the magicians of Egypt did the same. Each threw his staff down and these turned into serpents. But Aaron's staff swallowed up the staffs of the magicians.

뱀으로 변한 지팡이 흠정영역성서(1708년, 런던)

탈출기 Exodus 7:20, 22

모세와 아론은 주님께서 명령하신 대로 하였다. 그가 파라오와 그의 신하들 앞에서 지팡이를 들어 나일 강 물을 쳤다. 그러자 나일 강 물이 모두 피로 변하였다. 그러나 이집트의 요술사들도 자기네 마술로 그와 똑같이 하였다.

Moses and Aaron did as Yahweh commanded. He raised his staff and in the sight of Pharaoh and his court he struck the waters of the river, and all the water in the river changed to blood. But the magicians of Egypt used their witchcraft to do the same.

첫째 재앙 : 피로 변한 강물　　　　　흠정영역성서(1708년, 런던)

탈출기 Exodus 8:2-3

아론이 이집트의 물 위로 손을 뻗자, 개구리들이 올라와 이집트 땅을 뒤덮었다. 그러나 요술사들도 자기네 마술로 그와 똑같이 하여, 개구리들을 이집트 땅 위로 올라오게 하였다.

So Aaron stretched out his hand over the waters of Egypt, and the frogs came up and covered the land of Egypt. But the magicians did the same with their witchcraft, and made frogs swarm all over the land of Egypt.

둘째 재앙 : 땅을 뒤덮은 개구리　　　　흠정영역성서(1708년, 런던)

탈출기 Exodus 8:4

파라오가 모세와 아론을 불러 말하였다. "너희는 주님께 기도하여 나와 내 백성에게서 개구리들을 물리쳐 다오. 그러면 내가 너희 백성을 내보내어, 주님께 제사를 드릴 수 있게 해 주겠다."

Pharaoh summoned Moses and Aaron. "Entreat Yahweh," he said, "to rid me and my subjects of the frogs, and I promise to let the people go and offer sacrifice to Yahweh."

둘째 재앙 : 개구리 흠정영역성서(1708년, 런던)

탈출기 Exodus 8:9-11

주님께서 모세가 청한 대로 해 주셨다. 개구리들이 집과 뜰과 들에서 죽어 갔다. 사람들이 그것들을 모아 무더기로 쌓아 놓으니, 땅이 악취를 풍겼다. 그러나 파라오는 일이 진정되는 것을 보고, 마음이 완강해져 그들의 말을 듣지 않았다. 주님께서 말씀하신 대로였다.

And Yahweh granted Moses' prayer: in house and courtyard and field the frogs died. They piled them up in heaps and the land reeked of them. But as soon as he saw that relief had been granted, Pharaoh became adamant again and, as Yahweh had foretold, he refused to listen to Moses and Aaron.

둘째 재앙 : 개구리

탈출기 Exodus 8:13-14

아론이 지팡이를 든 손을 뻗어 땅의 먼지를 치자, 사람들과 짐승에게 모기들이 달려들었다. 이집트 온 나라에서 땅의 먼지가 모기로 변하였다. 요술사들도 똑같이 하여 자기네 마술로 모기들을 생기게 하려 하였으나, 그렇게 할 수가 없었다.
Aaron stretched out his hand, with his staff, and struck the dust on the ground. The mosquitoes attacked men and beasts; throughout the land of Egypt the dust on the ground turned into mosquitoes. The magicians with their witchcraft tried to produce mosquitoes and failed.

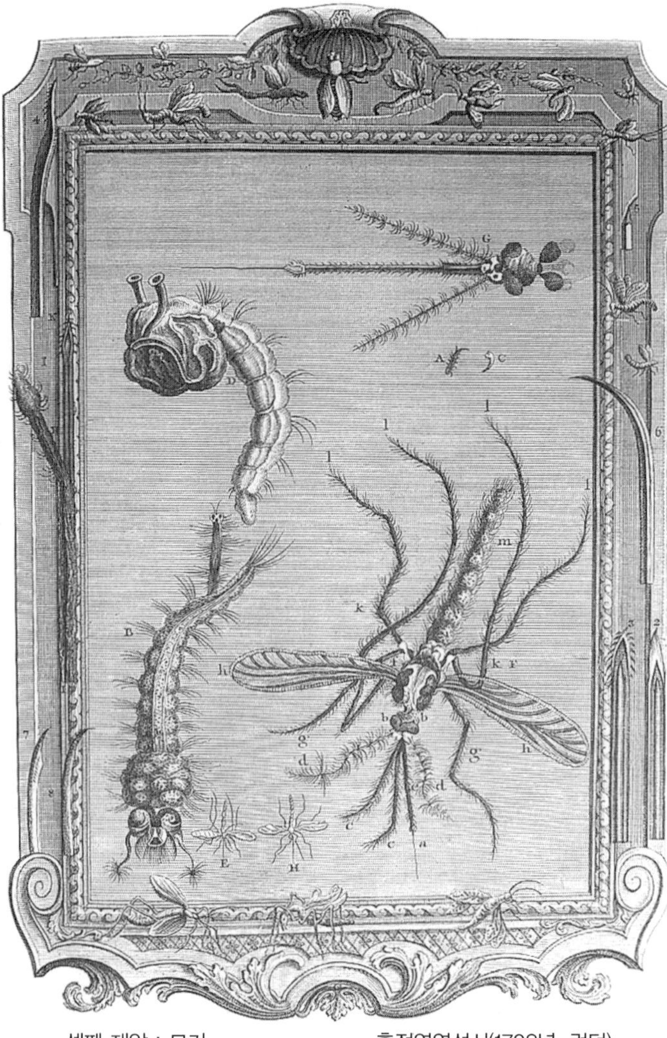

셋째 재앙 : 모기 흠정영역성서(1708년, 런던)

탈출기 Exodus 8:18

“그러나 그날에 나는 내 백성이 사는 고센 땅만은 따로 구분하여, 그곳에는 등에가 없게 하겠다. 이는 나 주님이 이 땅에 있음을 내가 알게 하려는 것이다.”

“But I shall set apart the land of Goshen, where my people live, on that day; there will be no gadflies there, and so you may know that I, Yahweh, am in the midst of the land.”

넷째 재앙 : 등에 17세기 판화

탈출기 Exodus 8:20

주님께서 그대로 하셨다. 엄청난 등에 떼가 파라오의 궁궐과 그 신하들의 집으로 날아들었다. 이집트의 온 나라 땅이 등에 때문에 폐허가 되었다.

Yahweh did this, and great swarms of gadflies found their way into Pharaoh's palace, into the houses of his courtiers, and into all the land of Egypt, and ruined the country.

넷째 재앙 : 등에 흠정영역성서(1708년, 런던)

탈출기 Exodus 9:3-4

"주님의 손이 들에 있는 너의 집짐승들, 말과 나귀와 낙타와 소와 양을 지독한 흑사병으로 칠 것이다. 그러나 주님은 이스라엘의 집짐승과 이집트의 집짐승을 구분하여, 이스라엘 자손들의 것은 하나도 죽지 않게 할 것이다."

"You will find that the hand of Yahweh will fall on your livestock in the fields, horse and donkey and camel, herd and flock, with a deadly plague. Yahweh will discriminate between the livestock of Israel and of Egypt: nothing shall die of all that belongs to the sons of Israel."

다섯째 재앙 : 가축병 구스타프 도레 작

탈출기 Exodus 9:5-6

그리고 주님께서는 "주님이 내일 이 땅에서 이 일을 이룰 것이다." 하시매 때를 정하셨다. 이튿날 주님께서 이 말씀대로 하셨다. 이집트의 집짐승들은 모두 죽고, 이스라엘 자손들의 집짐승들은 한 마리도 죽지 않았다.

"Yahweh has fixed the hour. Tomorrow, he has said, Yahweh will carry out this threat in all the land." Next day Yahweh kept his word; all the Egyptians' livestock died, but none owned by the sons of Israel died.

다섯째 재앙 : 가축병　　　　흠정영역성서(1708년, 런던)

탈출기 Exodus 9:7

파라오는 사람을 보내어, 이스라엘의 집짐승은 한 마리도 죽지 않은 것을 확인하였다. 그러나 파라오는 마음이 완강해져 백성을 내보내지 않았다.

Pharaoh had inquiries made, but it was true: none was dead of the livestock owned by the sons of Israel. But Pharaoh became adamant again and did not let the people go.

다섯째 재앙 : 가축병

탈출기 Exodus 9:10-11

그들은 가마에 있는 그을음을 쥐고 파라오 앞에 섰다. 모세가 그것을 공중으로 뿌리니, 사람과 짐승에게 궤양을 일으키는 종기가 되었다. 요술사들과 모든 이집트인에게 종기가 생겨, 요술사들도 종기 때문에 모세 앞에 서 있을 수 없게 되었다.

So they took soot from the kiln and stood in front of Pharaoh, and Moses threw it in the air. And on man and beast it brought out boils breaking into sores. And the magicians could not face Moses, because the magicians were covered with boils like all the other Egyptians.

여섯째 재앙 : 종기　　　　　흠정영역성서(1708년, 런던)

탈출기 Exodus 9:24

번갯불이 잇달아 번쩍이면서 우박이 내렸다. 이처럼 엄청난 우박은 이집트에 나라가 선 뒤로 이집트 온 땅에 한 번도 내린 적이 없었다.

The hail fell, and lightning flashing in the midst of it, a greater storm of hail than had ever been known in Egypt since it first became a nation.

일곱째 재앙 : 우박 흠정영역성서(1708년, 런던)

탈출기 Exodus 9:25-26

이렇게 우박이 이집트 온 땅에서, 사람을 비롯하여 짐승에 이르기까지 들에 있는 모든 것을 쳤다. 들의 풀도 모조리 치고 들의 나무도 모조리 부러뜨렸다. 그러나 이스라엘 자손들이 사는 고센 땅에만은 우박이 내리지 않았다.

Throughout the land of Egypt the hail struck down everything in the fields, man and beast. It struck all the crops in the fields, and it shattered every tree in the fields. Only in the land of Goshen where the Hebrews lived, was there no hail.

일곱째 재앙 : 우박　　　　　흠정영역성서(1708년, 런던)

탈출기 Exodus 9:31-32

마침 보리는 이삭이 패고 아마는 꽃이 피어 있었으므로, 아마와 보리는 못 쓰게 되고 말았다. 그러나 밀과 귀리는 늦게 나오는 것들이었으므로 못 쓰게 되지는 않았다.

The flax and barley were ruined, since the barley was in the ear and the flax budding. The wheat and the spelt, being late crops, were not destroyed.

일곱째 재앙 : 우박　　　　흠정영역성서(1708년, 런던)

탈출기 Exodus 10:14-15

메뚜기 떼가 이집트 온 땅에 몰려와, 이집트 온 영토에 내려앉았다. 이렇게 엄청난 메뚜기 떼는 전에도 없었고 앞으로도 없을 것이었다.

The locusts invaded the whole land of Egypt. On the whole territory of Egypt they fell, in numbers so great that such swarms had never been seen before, nor would be again.

여덟째 재앙 : 메뚜기 흠정영역성서(1708년, 런던)

탈출기 Exodus 10:22-23

모세가 하늘로 손을 뻗자, 사흘 동안 짙은 어둠이 이집트 온 땅을 덮었다. 사흘 동안 사람들은 서로 볼 수도 없었고 자리를 뜰 수도 없었다. 그러나 이스라엘 자손들이 사는 곳은 어디에나 빛이 있었다.

So Moses stretched out his hand toward heaven, and for three days there was deep darkness over the whole land of Egypt. No one could see anyone else or move about for three days, but where the sons of Israel lived there was light for them..

아홉째 재앙 : 어둠 흠정영역성서(1708년, 런던)

탈출기 Exodus 10:28-29

파라오가 모세에게 말하였다. "나에게서 썩 물러가라. 다시는 내 얼굴을 보지 않도록 조심하여라. 네가 내 얼굴을 보는 날 너는 죽을 것이다." 모세가 대답하였다. "말씀하신 대로, 저도 임금님의 얼굴을 다시는 보지 않겠습니다."

Pharaoh said to Moses, "Out of my sight! Take care! Never appear before me again, for on the day you do, you die!" Moses replied, "You yourself have said it: never again shall I appear before you."

아홉째 재앙 : 어둠 구스타프 도레 작

탈출기 Exodus 12:1-3

주님께서 이집트 땅에서 모세와 아론에게 말씀하셨다. "너희는 이 달을 첫째 달로 삼아, 한 해를 시작하는 달로 하여라. 이스라엘의 온 공동체에게 이렇게 일러라. '이달 초열흘날 너희는 가정마다 작은 가축을 한 마리씩, 집집마다 작은 가축을 한 마리씩 마련하여라.' "

Yahweh said to Moses and Aaron in the land of Egypt, "This month is to be the first of all the others for you, the first month of your year. Speak to the whole community of Israel and say, 'On the tenth day of this month each man must take an animal from the flock, one for each family: one animal for each household.'"

파스카 축제 흠정영역성서(1708년, 런던)

탈출기 Exodus 12:5-6

"이 짐승은 일 년 된 흠 없는 수컷으로 양이나 염소 가운데에서 마련하여라. 너희는 그것을 이 달 열나흗날까지 두었다가, 이스라엘의 온 공동체가 모여 저녁 어스름에 잡아라."

"It must be an animal without blemish, a male one year old; you may take it from either sheep or goat. You must keep it till the fourteenth day of the month when the whole assembly of the community of Israel shall slaughter it between the two evenings."

양고기를 굽다　　흠정영역성서(1708년, 런던)

탈출기 12:7-8

"그리고 그 피는 받아서, 짐승을 먹을 집의 두 문설주와 상인방에 발라라. 그날 밤에 그 고기를 먹어야 하는데, 불에 구워, 누룩 없는 빵과 쓴 나물을 곁들여 먹어야 한다."

쓴 나물　　　　흠정영역성서(1708년, 런던)

Exodus 12:7-8

"Some of the blood must then be taken and put on the two doorposts and the lintel of the house where it is eaten. That night, the flesh is to be eaten, roasted over the fire; it must be eaten with unleavened bread and bitter herbs."

쓴 나물 흠정영역성서(1708년, 런던)

탈출기 Exodus 12:7-8

쓴 나물 흠정영역성서(1708년, 런던)

탈출기 Exodus 12:7-8

쓴 나물　　　　흠정영역성서(1708년, 런던)

탈출기 Exodus 12:9-10

"그것을 날로 먹거나 물에 삶아 먹어서는 안 된다. 머리와 다리와 내장이 있는 채로 불에 구워 먹어야 한다. 아침까지 아무 것도 남겨서는 안 된다. 아침까지 남은 것은 불에 태워 버려야 한다."

"Do not eat any of it raw or boiled, but roasted over the fire, head, feet and entails. You must not leave any over till the morning: whatever is left till morning you are to burn."

불에 구워 먹어라 흠정영역성서(1708년, 런던)

탈출기 Exodus 12:15

"너희는 이레 동안 누룩 없는 빵을 먹어야 한다. 아예 첫날에 너희 집 안에서 누룩을 치워 버려라. 첫날부터 이렛날까지 누룩 든 빵을 먹는 자는 누구든지 이스라엘에서 잘려 나갈 것이다."

"For seven days you must eat unleavened bread. On the first day you are to clean all leaven out of your house, for anyone who eats leavened bread from the first to the seventh day shall be cut off from Israel."

누룩 없는 빵 흠정영역성서(1708년, 런던)

탈출기 Exodus 12:22

"그리고 우슬초 한 묶음을 가져다가 대야에 받아 놓은 피에 담가라. 그것으로 그 대야에 받아 놓은 피를 두 문설주와 상인방에 발라라. 너희는 아침까지 아무도 자기 집 문 밖으로 나가서는 안 된다."

"Then take a spray of hyssop, dip it in the blood that is in the basin, and with the blood from the basin touch the lintel and the two doorposts. Let none of you venture out of the house till morning."

우슬초 흠정영역성서(1708년, 런던)

탈출기 Exodus 12:23-24

"주님께서 이집트인들을 치러 지나가시다가, 두 문설주와 상인방에 바른 피를 보시면, 그 문을 거르고 지나가시고 파괴자가 너희 집을 치러 들어가지 못하게 하실 것이다. 너희는 이것을 너희와 너희 자손들을 위한 규정으로 삼아 영원히 지켜야 한다."

"Then, when Yahweh goes through Egypt to strike it, and sees the blood on the lintel and on the two doorposts, he will pass over the door and not allow the destroyer to enter your homes and strike. You must keep these rules as an ordinance for all time for you and your children."

문설주와 상인방에 피를 발라라 흠정영역성서(1708년, 런던)

탈출기 12:29-30

한밤중에 주님께서는 이집트 땅의 맏아들과 맏배를, 곧 왕좌에 앉은 파라오의 맏아들부터 감옥에 있는 포로의 맏아들과 짐승의 맏배까지 모조리 치셨다. 그러자 파라오와 그의 신하들과 이집트인들이 모두 그 밤중에 일어났다. 이집트에 큰 곡성이 터졌다. 초상나지 않은 집이 하나도 없었던 것이다.

열 째 재앙: 맏아들의 죽음 흠정영역성서(1708년, 런던)

Exodus 12:29-30

And at midnight Yahweh struck down all the first-born in the land of Egypt: the first-born of Pharaoh, heir to this throne, the first-born of the prisoner in his dungeon, and the first-born of all the cattle. Pharaoh and all his courtiers and all the Egyptians got up in the night, and there was a great cry in Egypt, for there was not a house without its dead.

열 째 재앙: 맏아들의 죽음 구스타프 도레 작

탈출기 Exodus 12:31-32

파라오는 밤중에 모세와 아론을 불러 말하였다. "너희도 이스라엘 자손들도 어서 일어나 내 백성에게서 떠나라. 너희가 말하던 대로, 가서 주님께 예배드려라. 그리고 나를 위해서도 복을 빌어 다오."

And it was night when Pharaoh summoned Moses and Aaron. "Get up," he said, "you and the sons of Israel, and get away from my people. Go and offer worship to Yahweh as you have asked. And also ask a blessing on me."

모세에게 떠나라고 요구하는 파라오 구스타프 도레 작

탈출기 Exodus 12:35-36

이스라엘 자손들은 모세가 일러 준 대로, 이집트인들에게 은붙이와 금붙이와 옷가지를 요구하였다. 주님께서는 이스라엘 백성이 이집트인들에게 호감을 사도록 하시어, 요구하는 대로 다 내주게 하셨다. 이렇게 그들은 이집트인들을 털었다.

The sons of Israel did as Moses had told them and asked the Egyptians for silver ornaments and gold, and for clothing. Yahweh gave the people such prestige in the eyes of the Egyptians, that they gave them what they asked. So they plundered the Egyptians.

이집트인들이 털리다 흠정영역성서(1708년, 런던)

탈출기 Exodus 12:37

마침내 이스라엘 자손들은 라메세스를 떠나 수쿳으로 향하였다. 아이들을 빼고, 걸어서 행진하는 장정만도 육십만가량이나 되었다.

The sons of Israel left Rameses for Succoth, about six hundred thousand on the march—all men —not counting their families.

이집트를 떠나다 흠정영역성서(1708년, 런던)

탈출기 13:21-22

주님께서는 그들이 밤낮으로 행진할 수 있도록 그들 앞에 서서 가시며, 낮에는 구름 기둥 속에서 길을 인도하시고, 밤에는 불기둥 속에서 그들을 비추어 주셨다. 낮에는 구름 기둥이, 밤에는 불기둥이 백성 앞을 떠나지 않았다.

구름 기둥 흠정영역성서(1708년, 런던)

Exodus 13:21-22

Yahweh went before them, by day in the form of a pillar of cloud to show them the way, and by night in the form of a pillar of fire to give them light. The pillar of cloud never failed to go before the people by the day, nor the pillar of fire during the night.

불기둥 흠정영역성서(1708년, 런던)

탈출기 Exodus 14:13-14

그러자 모세가 백성에게 대답하였다. "두려워하지들 마라. 똑바로 서서 오늘 주님께서 너희를 위하여 이루실 구원을 보아라. 오늘 너희가 보는 이집트인들을 다시는 영원히 보지 않게 될 것이다. 주님께서 너희를 위하여 싸워 주실 터이니, 너희는 잠자코 있기만 하여라."

Moses answered the people, "Have no fear! Stand firm, and you will see what Yahweh will do to save you today: the Egyptians you see today, you will never see again. Yahweh will do the fighting for you: you have only to keep still."

추격하는 이집트 군대　　영역성서 (1560년, 제네바)

탈출기 Exodus 14:9

마침내 파라오의 모든 말이며 병거, 그의 기병이며 보병 등 이집트인들이 그들의 뒤를 쫓아가, 바알 츠폰 앞 피 하히롯 근처 바닷가에 진을 친 그들을 따라잡았다.

So the Egyptians gave chase and came up with them where they lay encamped beside the sea—all the horses, the chariots of Pharaoh, his horsemen, his army—near Pi-hahiroth, facing Baal-zephon.

바닷가에 진을 친 이스라엘　　　흠정영역성서(1708년, 런던)

탈출기 Exodus 14:21-22

모세가 바다 위로 손을 뻗었다. 주님께서 밤새도록 거센 샛바람으로 바닷물을 밀어내시어, 바다를 마른 땅으로 만드셨다. 그리하여 바닷물이 갈라지자, 이스라엘 자손들이 바다 가운데로 마른 땅을 걸어 들어갔다. 물은 그들 좌우에서 벽이 되어 주었다.

바다가 갈라지다 흠정영역성서(1708년, 런던)

Exodus 14:21-22

Moses stretched out his hand over the sea. Yahweh drove back the sea with a strong easterly wind all night, and he made dry land of the sea. The water parted and the sons of Israel went on dry ground right into the sea, walls of water to right and to left of them.

바다를 걸어서 건너가다　　　　　　흠정영역성서(1708년, 런던)

탈출기 14:26, 28

주님께서 모세에게 말씀하셨다. "바다 위로 손을 뻗어, 이집트인들과 그들의 병거와 기병들 위로 물이 되돌아오게 하여라." 물이 되돌아 와서, 이스라엘 자손들을 따라 바다로 들어선 파라오의 모든 군대의 병거와 기병들을 덮쳐 버렸다. 그들 가운데 한 사람도 살아남지 못하였다.

익사한 이집트 군대 흠정영역성서(1708년, 런던)

Exodus 14:26, 28

"Stretch out your hand over the sea," Yahweh said to Moses, "that the waters may flow back on the Egyptians and their chariots and their horsemen." The returning waters overwhelmed the chariots and the horsemen of Pharaoh's whole army, which followed the Israelites into the sea; not a single one of them was left.

익사한 이집트 군대 율리우스 슈노르 폰 카롤스펠트 작

탈출기 Exodus 14:26, 28

이집트 왕의 죽음

탈출기 Exodus 15:23, 25

마침내 마라에 다다랐지만, 그곳 마라의 물이 써서 마실 수가 없었다. 모세가 주님께 부르짖으니, 주님께서 나무 하나를 보여 주셨다. 모세가 그것을 물에 던지자 그 물이 단 물이 되었다.

They reached Marah but the water there was so bitter they could not drink it. So Moses appealed to Yahweh, and Yahweh pointed out some wood to him; this Moses threw into the water, and the water was sweetened.

쓴 물이 단물로 변하다 　　　　 흠정영역성서(1708년, 런던)

탈출기 15:26-27

"너희가 주 하느님의 말을 잘 듣고, 주님의 눈에 드는 옳은 일을 하며, 그 계명에 귀를 기울이고 그 모든 규정을 지키면, 이집트인들에게 내린 어떤 질병도 너희에게는 내리지 않을 것이다. 나는 너희를 낫게 하는 주님이다." 그들은 엘림에 다다랐다. 그곳에는 샘이 열두 개, 야자나무가 일흔 그루 있었다. 그들은 그곳 물가에 진을 쳤다.

샘과 종려나무 흠정영역성서(1708년, 런던)

Exodus 15:26-27

"If you listen carefully to the voice of Yahweh your God and do what is right in his eyes, if you pay attention to his commandments and keep his statutes, I shall inflict on you none of the evils that I inflicted on the Egyptians, for it is I, Yahweh, who give you healing." So they came to Elim where twelve water springs were, and seventy palm trees; and there they pitched their camp beside the water.

샘과 종려나무 흠정영역성서(1708년, 런던)

탈출기 Exodus 16:12-13

"너희가 저녁 어스름에는 고기를 먹고, 아침에는 양식을 배불리 먹을 것이다. 그러면 너희는 내가 주 하느님임을 알게 될 것이다." 그날 저녁에 메추라기 떼가 날아와 진영을 덮었다.

"Between the two evenings you shall eat meat, and in the morning you shall have bread to your heart's content. Then you will learn that I, Yahweh, am your God." And so it came about: quails flew up in the evening, and they covered the camp.

메추라기 떼 흠정영역성서(1708년, 런던)

탈출기 Exodus 16:14-15

안개가 걷힌 뒤에 보니, 잘기가 땅에 내린 서리처럼 잔 알갱이들이 광야 위에 깔려 있는 것이었다. 모세가 그들에게 말하였다. "이것은 주님께서 너희에게 먹으라고 주신 양식이다."

When the coating of dew lifted, there on the surface of the desert was a thing delicate, powdery, as fine as hoarfrost on the ground. "That," said Moses to them, "is the bread Yahweh gives you to eat."

만나를 거두어들이다 흠정영역성서(1708년, 런던)

탈출기 Exodus 16:16

"주님께서 내리신 분부는 이렇다. '너희는 저마다 먹을 만큼 거두어들여라. 너희 식구의 머리 수 대로 한 오메르씩, 저마다 자기 천막에 사는 이들을 위하여 가져가거라.'"

"This is Yahweh's command: Everyone must gather enough of it for his needs, one omer a head, according to the number of persons in your families. Each of you will gather for those who share his tent."

거둔 만나 흠정영역성서(1708년, 런던)

탈출기 Exodus 16:20

그러나 어떤 사람들은 모세의 말을 듣지 않고, 그것을 아침까지 남겨 두었다. 그랬더니 거기에서 구더기가 꾀고 고약한 냄새가 났다. 모세가 그들에게 화를 내었다.

But some would not listen to Moses and kept part of it for the following day, and it bred maggots and smelled foul; and Moses was angry with them.

모세가 화내다 주제페 포르타 작

탈출기 Exodus 16:31-32

이스라엘 집안은 그것의 이름을 만나라 하였다. 그것은 고수풀 씨앗처럼 하얗고, 그 맛은 꿀 섞은 과자 같았다. 모세가 말하였다. " 주님께서 내리신 분부는 이렇다. '그것을 한 오메르 가득 채워 대대로 보관하여라. 그리하여 내가 너희를 이집트 땅에서 이끌어낼 때, 광야에서 너희를 먹여 살린 이 양식을 자손들이 볼 수 있게 하여라.' "

The house of Israel named it "manna." It was like coriander seed; it was white and its taste was like that of wafers made with honey. Moses said, "This is Yahweh's command: Fill an omer with it, and let it be kept for your descendants, to let them see the food that I fed you with in the wilderness when I brought you out of the land of Egypt."

사막에서 빵과 물을 받는 이스라엘 백성　　율리우스 슈노르 폰 카롤스펠트 작

탈출기 Exodus 17:4

모세가 주님께 부르짖었다. "이 백성에게 제가 무엇을 해야 합니까? 이제 조금만 있으면 저에게 돌을 던질 것 같습니다."
Moses appealed to Yahweh. "How am I to deal with this people?" he said. "A little more and they will stone me!"

마싸와 므리바의 물　　흠정영역성서(1708년, 런던)

탈출기 Exodus 17:5-6

그러자 주님께서 모세에게 말씀하셨다. "이제 내가 저기 호렙의 바위 위에서 네 앞에 서 있겠다. 네가 그 바위를 치면 그곳에서 물이 터져 나와, 백성이 그것을 마시게 될 것이다." 모세는 이스라엘 원로들이 보는 앞에서 그대로 하였다.

Yahweh said to Moses, "I shall be standing before you there on the rock at Horeb. You must strike the rock, and water will flow from it for the people to drink." This is what Moses did, in the sight of the elders of Israel.

마싸와 므리바의 물 구스타프 도레 작

탈출기 Exodus 17:7

그는 이스라엘 자손들이 시비하였다 해서, 그리고 저들이 "주님께서 우리 가운데 계시는가, 계시지 않는가?" 하면서 주님을 시험하였다 해서, 그곳의 이름을 마싸와 므리바라 하였다.

The place was named Massah and Meribah because of the grumbling of the sons of Israel and because they put Yahweh to the test by saying, "Is Yahweh with us, or not?"

마싸와 므리바의 물 17세기, 레이몽 라 파쥬 작

탈출기 Exodus 17:12-13

모세의 손이 무거워지자, 그들은 돌을 가져다 그의 발 아래 놓고 그를 그 위에 앉혔다. 그런 다음 아론과 후르가 한 사람은 이쪽에서, 다른 사람은 저쪽에서 모세의 두 손을 받쳐 주니, 그의 손이 해가 질 때까지 쳐지지 않았다. 그리하여 여호수아는 아말렉과 그의 백성을 칼로 무찔렀다.

But Moses' arms grew heavy, so they took a stone and put it under him and on this he sat, Aaron and Hur supporting his arms, one on one side, one on the other, and his arms remained firm till sunset. With the edge of the sword Joshua cut down Amalek and his people.

아말렉족에게 이기다　　흠정영역성서(1708년, 런던)

탈출기 Exodus 19:4-5

"너희는 내가 이집트인들에게 무엇을 하고 어떻게 너희를 독수리 날개에 태워 나에게 데려왔는지 보았다. 이제 너희가 내 계약을 지키면, 너희는 모든 민족들 가운데 나의 소유가 될 것이다."

"You yourselves have seen what I did with the Egyptians, how I carried you on eagles' wings and brought you to myself. From this you know that now, if you obey my voice and hold fast to my covenant, you of all the nations shall be my very own."

독수리 날개 흠정영역성서(1708년, 런던)

탈출기 19:16

셋째 날 아침, 우렛소리와 함께 번개가 치고 짙은 구름이 산을 덮은 가운데 뿔나팔 소리가 크게 울려 퍼지자, 진영에 있던 백성이 모두 떨었다.

시나이 산 흠정영역성서(1708년, 런던)

Exodus 19:16

Now at daybreak on the third day there were peals of thunder on the mountain and lightning flashes, a dense cloud, and a loud trumpet blast, and inside the camp all the people trembled.

시나이 산

탈출기 Exodus 19:17

하느님을 만날 수 있도록 모세가 백성을 진영에서 데리고 나오자 그들은 산기슭에 섰다.

Then Moses led the people out of the camp to meet God: and they stood at the bottom of the mountain.

모세 미켈란젤로 작

탈출기 Exodus 20:2-3

"나는 너를 이집트 땅, 종살이하던 집에서 이끌어 낸 주 하느님이다. 너희에게는 나 말고 다른 신이 있어서는 안 된다."

"I am Yahweh your God who brought you out of the land of Egypt, out of the house of slavery. You shall have no gods except me."

십계명 구스타프 도레 작

탈출기 Exodus 20:13-16

"살인해서는 안 된다. 간음해서는 안 된다. 도둑질을 해서는 안 된다. 이웃에게 불리한 거짓 증언을 해서는 안 된다."

"You shall not kill. You shall not commit adultery. You shall not steal. You shall not bear false witness against your neighbor."

십계명 율리우스 슈노르 폰 카롤스펠트 작

탈출기 21:23-25

"목숨은 목숨으로 갚아야 하고, 눈은 눈으로, 이는 이로, 손은 손으로, 발은 발로, 화상은 화상으로, 상처는 상처로, 멍은 멍으로 갚아야 한다."

사람을 뿔로 받는 황소 흠정영역성서(1708년, 런던)

Exodus 21:23-25

"You shall give life for life, eye for eye, tooth for tooth, hand for hand, foot for foot, burn for burn, wound for wound, stroke for stroke."

날뛰는 황소 바르톨로메오 피넬리 작

탈출기 Exodus 23:12

"너희는 엿새 동안 일을 하고, 이렛날에는 쉬어야 한다. 이는 너희 소와 나귀가 쉬고, 너희 여종의 아들과 이방인이 숨을 돌리게 하려는 것이다."

"For six days you shall do your work, but stop on the seventh day, so that your ox and your donkey may rest and the son of your slave girl have a breathing space, and the stranger, too."

파종 흠정영역성서(1708년, 런던)

탈출기 Exodus 23:27

"나는 나에 대한 공포를 너희보다 앞서 보내어, 너희가 쳐들어가는 모든 민족을 혼란에 빠뜨리고, 너희의 모든 원수가 등을 돌려 달아나게 하겠다."

"I shall spread panic ahead of you; I shall throw into confusion all the people you encounter; I shall make all your enemies turn and run from you."

이스라엘의 적을 공격하는 말벌 떼 흠정영역성서(1708년, 런던)

탈출기 24:10-11

모세는 아론과 나답과 아비후와 이스라엘의 원로 일흔 명과 함께 올라갔다. 그들은 그곳에서 이스라엘의 하느님을 뵈었다. 주님께서는 이스라엘 자손들의 수령들에게 손을 대지 않으셨으므로, 그들은 하느님을 뵙고서 먹고 마셨다.

이스라엘의 하느님 흠정영역성서(1708년, 런던)

Exodus 24:10-11

Moses went up with Aaron, Nadab and Abihu, and seventy elders of Israel. They saw the God of Israel beneath whose feet there was, it seemed, a sapphire pavement pure as the heavens themselves. He laid no hand on these notables of the sons of Israel: they gazed on God. They ate and they drank.

모세와 원로들 야곱 드 비트 작

탈출기 Exodus 24:12

주님께서 모세에게 말씀하셨다. "너는 내가 있는 이 산으로 올라와 거기 머물러라. 내가 백성을 가르치려고 율법과 계명을 기록한 돌 판을 너에게 주겠다."
Yahweh said to Moses, "Come up to me on the mountain and stay there while I give you the stone tablets—the law and the commandments—that I have written for their instruction."

시나이 산

탈출기 Exodus 24:17-18

주님의 영광이 나타나는 모습은 이스라엘 자손들이 보기에 산봉우리에서 타오르는 불과 같았다. 모세는 구름을 뚫고 산에 올라갔다. 모세는 밤낮으로 사십 일을 그 산에서 지냈다.

To the eyes of the sons of Israel the glory of Yahweh seemed like a devouring fire on the mountain top. Moses went right into the cloud. He went up the mountain, and stayed there for forty days and forty nights.

단식하는 모세 흠정영역성서(1708년, 런던)

탈출기 Exodus 25:1-2

주님께서 모세에게 이르셨다. "이스라엘 자손들에게 일러 나를 위한 예물을 받아라. 마음에서 우러나와 나에게 바치는 것이면 누구에게든 예물을 받아라."
Yahweh spoke to Moses and said, "Tell the sons of Israel to set aside a contribution for me; you shall accept this contribution from every man whose heart prompts him to give it."

성막 건축 비용 흠정영역성서(1708년, 런던)

탈출기 Exodus 25:8

"그들이 나를 위하여 성소를 만들게 하여라. 그러면 내가 그들 가운데에 머물겠다."

"Build me a sanctuary so that I may dwell among them."

성막 설계 흠정영역성서(1708년, 런던)

탈출기 Exodus 25:10-11

"그들이 아카시아 나무로 궤를 만들게 하여라. 그 길이는 두 암마 반, 너비는 한 암마 반, 높이도 한 암마 반으로 하여라. 너는 그것을 순금으로 입히는데, 안팎을 입혀라. 그 둘레에는 금테를 둘러라."

계약 궤　　　　흠정영역성서(1708년, 런던)

Exodus 25:10-11

"You are to make me an ark of acacia, two and a half cubits long, one and a half cubits wide, one and a half cubits high. You are to plate it, inside and out, with pure gold, and decorate it all around with a gold molding."

계약 궤 흠정영역성서(1708년, 런던)

탈출기 Exodus 25:17-18

"너는 순금으로 속죄판을 만들어라. 그 길이는 두 암마 반, 너비는 한 암마 반으로 하여라. 그리고 금으로 커룹 둘을 만드는데, 속죄판 양쪽 끝을 마치로 두드려 만들어라."

"Further, you are to make a throne of mercy, of pure gold, two and a half cubits long, and one and a half cubits wide. For the two ends of this throne of mercy you are to make two golden cherubs; you are to make them of beaten gold."

금으로 된 커룹　　　　흠정영역성서(1708년, 런던)

탈출기 Exodus 25:21-22

"너는 그 속죄판을 궤 위에 얹고, 궤 안에는 내가 너에게 줄 증언판을 넣어라. 내가 그곳에서 너를 만나고, 속죄판 위, 곧 증언 궤 위에 있는 두 커룹 사이에서 이스라엘 자손들을 위하여 내가 너에게 명령하는 모든 것을 일러 주겠다."

"You must place the throne of mercy on the top of the ark. Inside of the ark you must place the Testimony that I shall give you. There I shall come to meet you; there, from above the throne of mercy, from between the two cherubs that are on the ark of the Testimony, I shall give you all my commands for the sons of Israel."

금으로 된 커룹 　　　　　　　　흠정영역성서(1708년, 런던)

탈출기 25:23-24, 30

“너는 아카시아 나무로 상을 만들어라. 그 길이는 두 암마, 너비는 한 암마, 높이는 한 암마 반으로 하여라. 그것을 순금으로 입히고, 그 둘레에는 금테를 둘러라. 그리고 제사 빵을 늘 그 상 위에, 곧 내 앞에 놓아 두어라.”

빵을 두는 상　　　　흠정영역성서(1708년, 런던)

Exodus 25:23-24, 30

"You are to make a table of acacia wood, two cubits long, one cubit wide, and one and a half cubits high. You are to plate it with pure gold, and decorate it all around with a gold molding. On the table, before me, you must place the bread of continual offering."

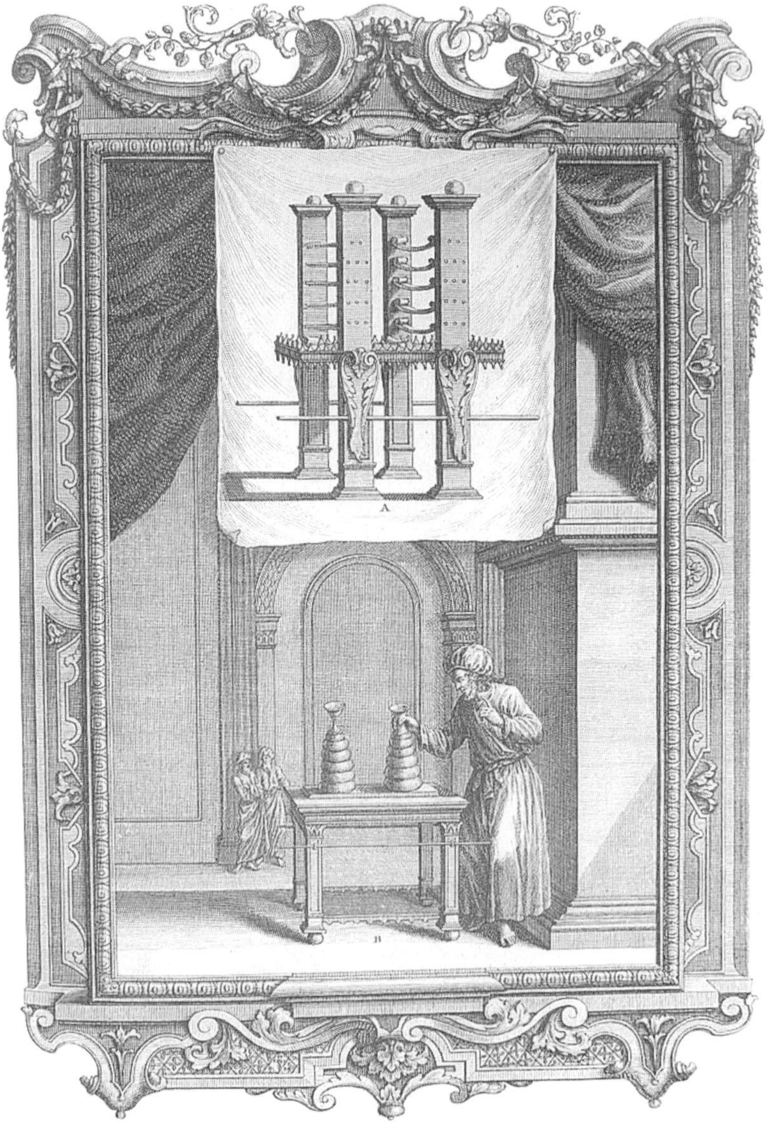

빵을 두는 상 흠정영역성서(1708년, 런던)

탈출기 Exodus 25:23-24, 30

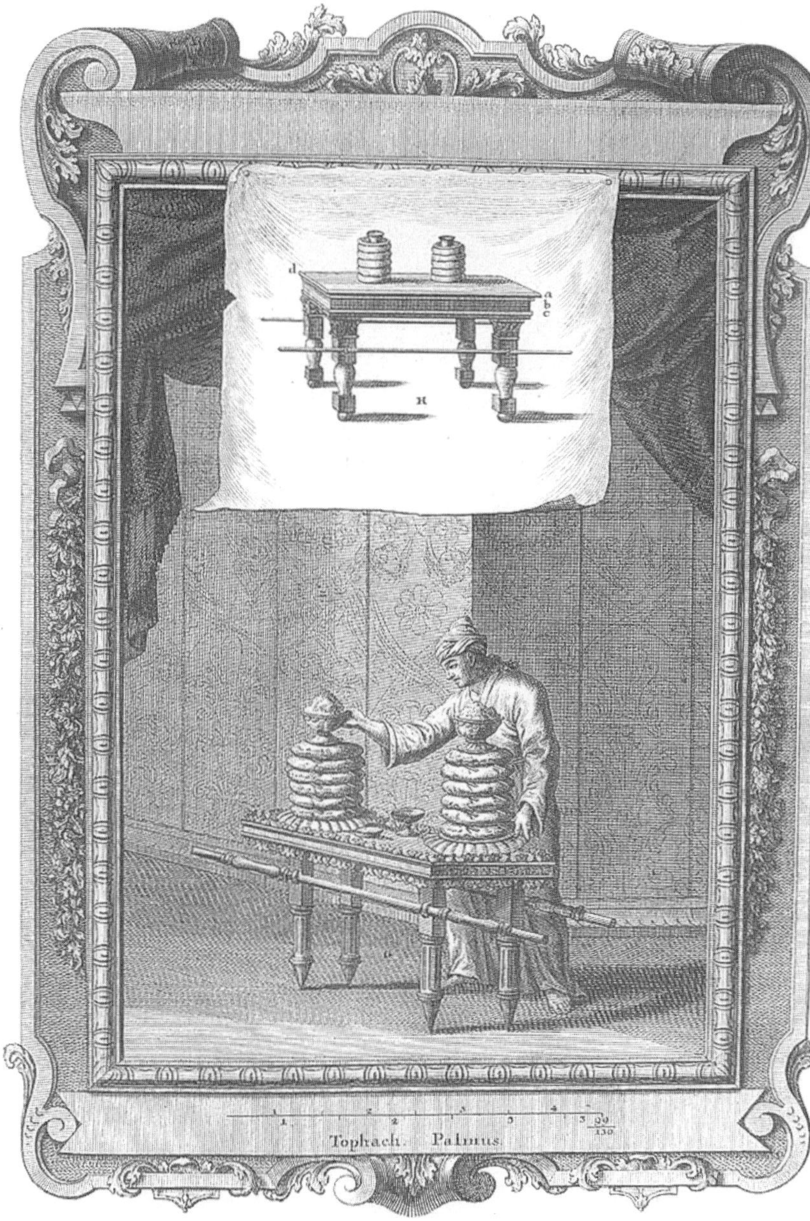

제사 빵

흠정영역성서(1708년, 런던)

탈출기 26:1

"너는 가늘게 꼰 아마실, 자주와 자홍과 다홍 실로 짠 천 열 폭으로 성막을 만들어라. 커룹들을 정교하게 수놓아 그 폭을 만들어야 한다."

휘장 　　　　　　　　　　　　　　　　　　흠정영역성서(1708년, 런던)

Exodus 26:1

"The tabernacle itself you are to make with ten sheets of fine twined linen, of purple stuffs, violet shade and red, and of crimson stuffs; you are to have these sheets finely brocaded with cherubs."

성막 흠정영역성서(1708년, 런던)

탈출기 Exodus 26:1

성막　　흠정영역성서(1708년, 런던)

탈출기 Exodus 26:1

성막 흠정영역성서(1708년, 런던)

탈출기 27:18

"뜰의 길이는 암마로 백 암마, 너비는 쉰 암마, 높이는 다섯 암마로 하되, 가늘게 짠 아마포로 둘러치고, 밑받침은 청동으로 만들어라."

성막지역 전경 흠정영역성서(1708년, 런던)

Exodus 27:18

"The length of the court is to be one hundred cubits, its width fifty cubits, its height five cubits. All the hangings are to be made of fine twined linen, and their sockets of bronze."

제단 설계 흠정영역성서(1708년, 런던)

탈출기 Exodus 27:18

제단 흠정영역성서(1708년, 런던)

탈출기 Exodus 27:20

"그리고 너는 이스라엘 자손들에게 명령하여, 등잔에 쓸 기름, 곧 올리브를 찧어서 짠 순수한 기름을 가져다가, 등불이 끊임없이 타오르게 하여라."

"You are to order the sons of Israel to bring you pure olive oil for the light, and to keep a flame burning there perpetually."

올리브 기름 흠정영역성서(1708년, 런던)

탈출기 Exodus 28:1

"너는 이스라엘인들 가운데 너의 형 아론과 그의 아들들을 너에게 가까이 오게 하여, 사제로서 나를 섬기게 하여라."

"From among the sons of Israel summon your brother Aaron and his sons to be priests in my service."

아론의 옷 흠정영역성서(1708년, 런던)

탈출기 Exodus 28:6

"그들은 금과, 자주와 자홍과 다홍 실, 그리고 가늘게 꼰 아마실로 정교하게 에폿을 만들어야 한다."

"They are to make the ephod of gold, purple stuffs, violet shade and red, crimson stuffs, and fine twined linen, the work of a skilled embroiderer."

에폿 흠정영역성서(1708년, 런던)

출애굽기 29:10-11

"너는 황소를 만남의 천막 앞으로 끌어다 놓고, 아론과 그의 아들들이 그 황소 머리에 손을 얹게 하여라. 그런 다음, 너는 만남의 천막 어귀 주님 앞에서 그 황소를 잡아라."

"You are to bring the bull in front of the Tent of Meeting. Aaron and his sons are to lay their hands on its head. Immolate the bull there before Yahweh at the entrance to the Tent of Meeting."

임직 예식의 제물 흠정영역성서(1708년, 런던)

탈출기 Exodus 29:20

"그런 다음, 그 숫양을 잡아 그 피를 얼마쯤 받아서 아론의 오른쪽 귓불과 그 아들들의 오른쪽 귓불, 그들의 오른손 엄지와 오른발 엄지에 발라라. 그리고 나머지 피는 제단을 돌면서 거기에 뿌려라."

"You are to immolate the ram, take some of its blood and put it on the lobe of Aaron's right ear, on the lobes of his sons' right ears, the thumbs of their right hands, and the big toes of their right feet, and pour out the rest of the blood on the surrounds of the altar."

임직 예식의 제물 흠정영역성서(1708년, 런던)

탈출기 Exodus 29:25

"너는 그것을 그들의 손에서 받아다 주님을 위한 향기로, 제단의 번제물 위에 놓고 살라 연기로 바쳐라. 이것은 주님을 위한 화제물이다."

"Then you are to take them back and burn them on the altar, on top of the holocaust, an appeasing fragrance before Yahweh. This will be a holocaust in honor of Yahweh."

임직 예식의 번제물 흠정영역성서(1708년, 런던)

탈출기 Exodus 29:38

"네가 제단 위에서 바칠 것은 이러하다. 일 년 된 숫양 두 마리를 거르지 말고 날마다 바쳐야 한다."

"This is what you are to offer on the altar: two yearling lambs each day in perpetuity."

번제물로 바쳐진 양 샤를르 르브렁 작

탈출기 Exodus 30:1-2

"너는 향을 피우는 제단을 만드는데, 그것을 아카시아 나무로 만들어라. 길이는 한 암마, 너비도 한 암마로 하여 네모나게 하고, 높이는 두 암마로 하며, 제단과 그 뿔들이 한 덩어리가 되게 하여라."

"You must make an altar on which to burn incense; you are to make it out of acacia wood. It is to be one cubit long, one cubit wide—that is to say, square—and to stand two cubits high; its horns are to be of one piece with it."

분향 제단 흠정영역성서(1708년, 런던)

탈출기 Exodus 30:6

"너는 그 제단을 증언 궤 앞에, 곧 내가 너를 만나 줄 증언 궤 위에 있는 속죄판을 가린 휘장 앞에 놓아 두어라."

"You are to set up the altar before the veil that is in front of the ark of Testimony, opposite the throne of mercy that covers the Testimony, the place appointed for my meeting with you."

분향 제단 흠정영역성서(1708년, 런던)

탈출기 Exodus 30:10

"아론은 그 제단의 뿔에 해마다 한 번씩 속죄 예식을 거행해야 한다. 너희는 대대로 해마다 한 번씩, 속죄하려고 바치는 속죄 제물의 피로 그 제단을 위한 속죄 예식을 거행해야 한다. 이 제단은 주님께 바친 가장 거룩한 것이다."

"Once a year Aaron is to perform the rite of atonement on the horns of the altar; with the blood of the sacrifice offered for sin he is to perform the rite of atonement once a year. And you shall do the same in the generations to come. This altar of supreme holiness is to be consecrated to Yahweh."

분향 제단 흠정영역성서(1708년, 런던)

탈출기 Exodus 30:19-20

“아론과 그의 아들들이 그 물로 손과 발을 씻게 하여라. 그들이 만남의 천막으로 들어갈 때, 물로 씻어야 죽지 않는다. 그들이 예식을 거행하려고, 곧 주님에게 화제물을 살라 바치려고 제단에 다가갈 때에도 마찬가지다.”

“In this Aaron and his sons must wash their hands and feet. When they are to enter the Tent of Meeting they must wash in water for fear they die, and when they have to approach the altar for their service, to burn the offering burned in honor of Yahweh.”

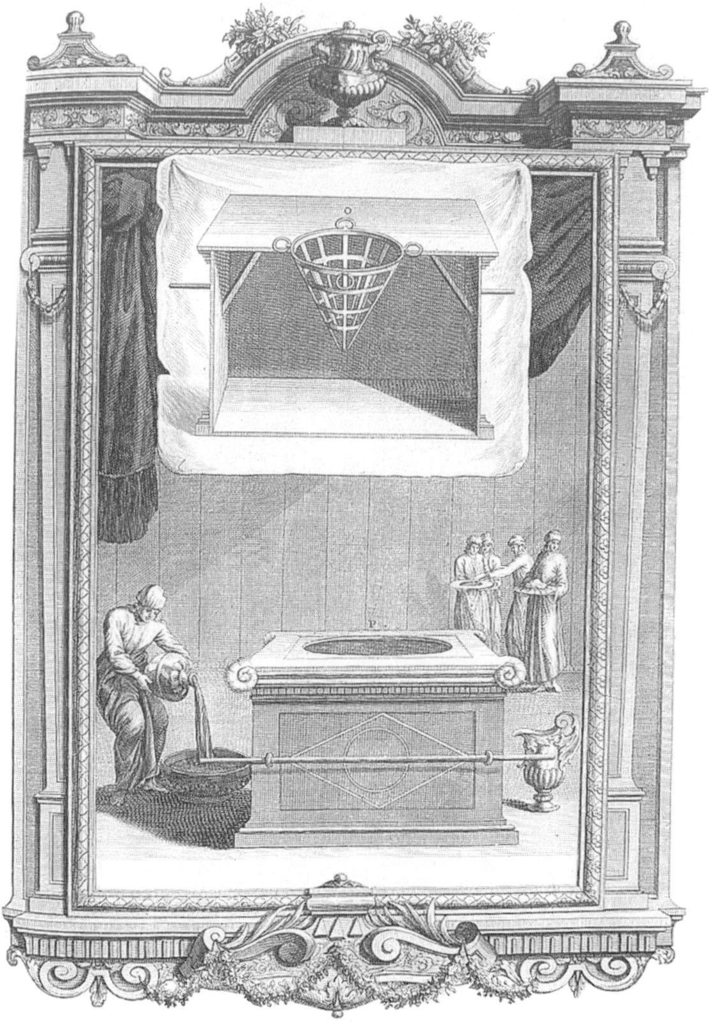

물두멍 흠정영역성서(1708년, 런던)

탈출기 30:23-25

"너는 가장 좋은 향료를 이렇게 장만하여라. 액체 몰약을 오백 세켈, 향기로운 육계향을 그 절반인 이백오십 세켈, 향기로운 향초를 이백오십 세켈, 계피를 성소 세켈로 오백 세켈, 그리고 올리브 기름 한 힌을 장만하여라. 너는 향을 만드는 법에 따라 이것들을 잘 섞어 거룩한 성별 기름을 만들어라."

육계　　　　　　　　　　　　　　　　흠정영역성서(1708년, 런던)

Exodus 30:23-25

"Take the choicest spices: of liquid myrrh five hundred shekels, half this weight of fragrant cinnamon—that is, two hundred and fifty shekels—and of scented cane two hundred and fifty shekels; of cassia five hundred shekels (reckoning by the sanctuary shekel) and one hin of olive oil. These you are to compound into a holy chrism, such a blend as the perfumer might make; it is to be a holy chrism."

성유 제조 흠정영역성서(1708년, 런던)

탈출기 30:34-35

"너는 향료들, 곧 소합향과 나감향과 풍자향을 장만하여, 이 향료들과 순수한 유향을 섞는데, 각각 같은 분량으로 하여라. 너는 향 제조사가 하듯이, 이것들을 잘 섞고 소금을 쳐서 깨끗하고 거룩한 것을 만들어라."

향료 제조　　　　흠정영역성서(1708년, 런던)

Exodus 30:34-35

"Take sweet spices: storax, onycha, galbanum, sweet spices and pure frankincense in equal parts, and compound an incense, such a blend as the perfumer might make, salted, pure, and holy."

나감향 흠정영역성서(1708년, 런던)

탈출기 Exodus 30:34-35

풍자향 흠정영역성서(1708년, 런던)

탈출기 Exodus 32:1

백성들은 모세가 산에서 오래도록 내려오지 않는 것을 보고, 아론에게 몰려와 말하였다. "일어나, 앞장서서 우리를 이끄실 신을 만들어 주십시오. 우리를 이집트에서 데리고 올라온 저 모세라는 사람은 어떻게 되었는지 모르겠습니다."
When the people saw that Moses was a long time before coming down the mountain, they gathered around Aaron and said to him, "Come, make us a god to go at the head of us; this Moses, the man who brought us up from Egypt, we do not know what has become of him."

아론과 이스라엘 백성　　　　　흠정영역성서(1708년, 런던)

탈출기 Exodus 32:2-3

아론이 그들에게 "여러분의 아내와 아들딸들의 귀에 걸린 금 고리들을 빼서 나에게 가져오시오." 하자, 온 백성이 저희 귀에 걸린 금 고리들을 빼서 아론에게 가져왔다.

Aaron answered them, "Take the gold rings out of the ears of your wives and your sons and daughters, and bring them to me." So they all took the gold rings from their ears and brought them to Aaron.

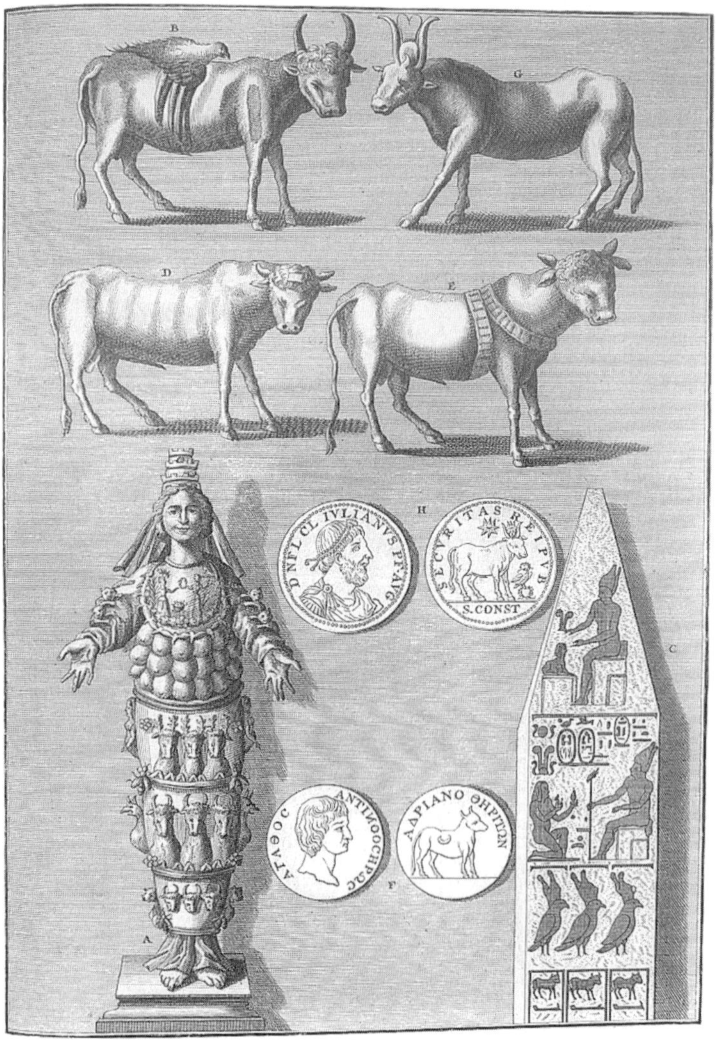

이집트 우상들 흠정영역성서(1708년, 런던)

탈출기 32:4

아론이 그 금을 그들 손에서 받아 거푸집에 부어 수송아지 상을 만들자, 사람들이 외쳤다. "이스라엘아, 이분이 너를 이집트 땅에서 데리고 올라오신 너의 신이시다."

아론과 금송아지 흠정영역성서(1708년, 런던)

Exodus 32:4

He took them from their hands and, in a mold, melted the metal down and cast an effigy of a calf. "Here is your God, Israel," they cried, "who brought you out of the land of Egypt!"

금송아지를 만들어 주는 아론

탈출기 Exodus 32:5

아론은 이것을 보고 그 신상 앞에 제단을 쌓은 뒤, "내일은 주님을 위한 축제를 벌입시다." 하고 선포하였다.

Observing this, Aaron built an altar before the effigy. "Tomorrow," he said, "will be a feast in honor of Yahweh."

금송아지의 산

탈출기 Exodus 32:6

이튿날 그들은 일찍 일어나, 번제물을 올리고 친교 제물을 바쳤다. 그러고 나서 백성들은 앉아서 먹고 마시다가 일어나 흥청거리며 놀았다.

And so, early the next day they offered holocaust and brought communion sacrifices; then all the people sat down to eat and drink, and afterward got up to amuse themselves.

금송아지 숭배　　율리우스 슈노르 폰 카롤스펠트 작

탈출기 Exodus 32:15-16

모세는 두 증언판을 손에 들고 돌아서서 산을 내려왔다. 그 판들은 양면에, 곧 앞뒤로 글이 쓰여 있었다. 그 판은 하느님께서 손수 만드신 것이며, 그 글씨는 하느님께서 손수 그 판에 새기신 것이었다.

Moses made his way back down the mountain with the two tablets of the Testimony in his hands, tablets inscribed on both sides, inscribed on the front and on the back. These tablets were the work of God, and the writing on them was God's writing on the tablets.

시나이 산에서 내려오는 모세 구스타프 도레 작

탈출기 Exodus 32:19

모세는 진영에 가까이 와 사람들이 춤추는 모습과 수송아지를 보자 화가 나서, 손에 들었던 돌 판들을 산 밑에 내던져 깨 버렸다.

As he approached the camp and saw the calf and the groups dancing, Moses' anger blazed. He threw down the tablets he was holding and broke them at the foot of the mountain.

증언판을 깨는 모세 흠정영역성서(1708년, 런던)

탈출기 32:20

그는 그들이 만든 수송아지를 가져다 불에 태우고, 가루가 될 때까지 빻아 물에 뿌리고서는, 이스라엘 자손들에게 마시게 하였다.

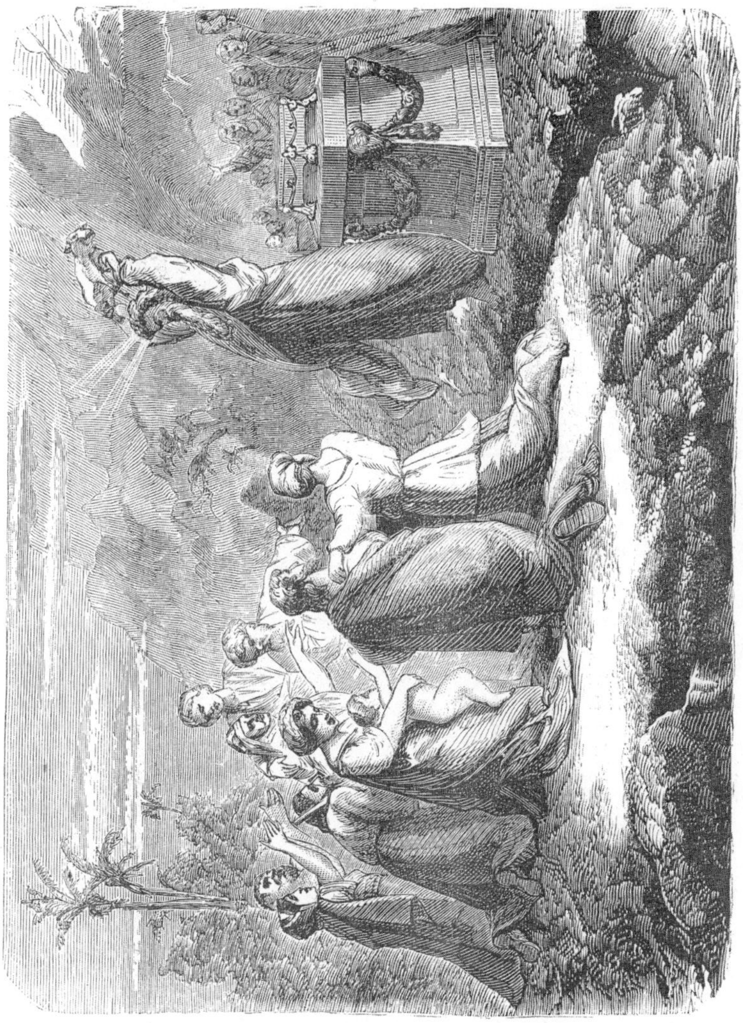

금송아지를 파괴하는 모세

Exodus 32:20

He seized the calf they had made and burnt it, grinding it into powder which he scattered on the water; and he made the sons of Israel drink it.

우상을 없애다 흠정영역성서(1708년, 런던)

탈출기 Exodus 34:1

주님께서 모세에게 말씀하셨다. "너는 처음 것과 같은 돌 판 두 개를 깎아라. 그러면 네가 깨뜨려 버린 그 처음 돌 판에 새겨져 있던 말을 내가 새 돌 판에 다시 써 주겠다."

Yahweh said to Moses, "Cut two tablets of stone like the first ones and come up to me on the mountain, and I will inscribe on them the words that were on the first tablets, which you broke."

십계명을 알리다 구스타프 도레 작

탈출기 Exodus 34:27-28

주님께서 모세에게 말씀하셨다. "너는 이 말을 기록하여라. 나는 이 말을 조건으로 너와 이스라엘과 계약을 맺었다." 모세는 그곳에서 주님과 함께 밤낮으로 사십 일을 지내면서, 빵도 먹지 않고 물도 마시지 않았다. 그는 계약의 말씀, 곧 십계명을 판에 기록하였다.

Yahweh said to Moses, "Put these words in writing, for they are the terms of the covenant I am making with you and with Israel." He stayed there with Yahweh for forty days and forty nights, eating and drinking nothing. He inscribed on the tablets the words of the Covenant —the Ten Words.

다시 새긴 십계명 　　　　　　　　　　　　　　　흠정영역성서(1708년, 런던)

탈출기 Exodus 34:29

모세는 시나이 산에서 내려왔다. 산에서 내려올 때 모세의 손에는 증언판 두 개가 들려 있었다. 모세는 주님과 함께 말씀을 나누어 자기 얼굴의 살갗이 빛나게 되었으나, 그것을 알지 못하였다.

When Moses came down from the mountain of Sinai—as he came down from the mountain, Moses had the two tablets of the Testimony in his hands—he did not know that the skin on his face was radiant after speaking with Yahweh.

산에서 내려온 모세 흠정영역성서(1708년, 런던)

레위기
Leviticus

레위기 Leviticus 1:2

"너희 가운데 누가 짐승을 잡아 주님에게 예물을 바칠 때에는, 소 떼나 양 떼 가운데에서 골라 예물을 바쳐야 한다."

"When any of you brings an offering to Yahweh, he can offer an animal from either herd or flock."

예물 흠정영역성서(1708년, 런던)

레위기 1:3-4

"소 떼에서 고른 예물을 번제물로 바치려면, 흠 없는 수컷을 바쳐야 한다. 주님 앞에서 호의로 받아들여지도록, 그것을 만남의 천막 어귀로 가져온 다음, 번제물의 머리에 손을 얹는다. 그러면 그 제물이 호의로 받아들여져, 그의 속죄가 이루어진다."

번제 흠정영역성서(1708년, 런던)

Leviticus 1:3-4

"If his offering is a holocaust of an animal out of the herd, he is to offer a male without blemish; it is to be offered at the entrance to the Tent of Meeting, so that it may be accepted before Yahweh. He is to lay his hand on the victim's head, and it shall be accepted as effectual for his atonement."

번제 17세기 판화

레위기 Leviticus 3:16-17

"사제는 그것들을 제단 위에서 살라 연기로 바친다. 이것은 불에 태워 바치는 향기로운 음식 제물이다. 모든 굳기름은 주님의 것이다. 이는 너희가 사는 곳 어디에서나 대대로 지켜야 하는 영원한 법규이다. 너희는 어떤 굳기름도, 어떤 피도 먹어서는 안 된다."

"The priest must burn these pieces on the altar as food, as a burnt offering for Yahweh. All the fat belongs to Yahweh. This is a perpetual law for all your descendants wherever you may live: never eat either fat or blood."

번제 흠정영역성서(1708년, 런던)

레위기 Leviticus 9:23-24

모세와 아론은 만남의 천막에 들어갔다 나와서 백성에게 축복하였다. 그러자 주님의 영광이 온 백성에게 나타났다. 그때 주님 앞에서 불이 나와 제단 위의 번제물과 굳기름을 삼켰다. 온 백성은 그것을 보고 환성을 올리며 땅에 엎드렸다.

Aaron entered the Tent of Meeting with Moses. Then they came out together to bless the people and the glory of Yahweh appeared to the whole people—a flame leaped forth before Yahweh and consumed the holocaust and the fat that was on the altar. At this sight the people shouted for joy and fell on their faces.

주님의 영광 흠정영역성서(1708년, 런던)

레위기 Leviticus 10:1-2

아론의 두 아들 나답과 아비후는 저마다 제 향로를 가져다가, 거기에 불을 담고 향을 놓았다. 그들은 주님께서 그들에게 명령하신 것과는 다른 속된 불을 주님 앞에 피워 바친 것이다. 그러자 주님 앞에서 불이 나와 그들을 삼키니, 그들은 주님 앞에서 죽고 말았다.

Nadab and Abihu, sons of Aaron, each took his censure, put fire in it and incense on the fire, and presented unlawful fire before Yahweh, fire which he had not prescribed for them. Then from Yahweh's presence a flame leaped out and consumed them, and they perished in the presence of Yahweh.

죄인을 삼키는 불　　　　흠정영역성서(1708년, 런던)

레위기 Leviticus 10:8-9

주님께서 아론에게 이르셨다. "너와 너의 아들들이 만남의 천막 안에 들어올 때에는, 포도주나 독주를 마셔서는 안 된다. 마시면 죽을 것이다. 이것은 너희가 대대로 지켜야 하는 영원한 규칙이다."

Yahweh spoke to Aaron; he said: "When you come to the Tent of Meeting, you and your sons with you, do not take wine or strong drink; then you will not die. This is a perpetual law for all your descendants."

사제직 흠정영역성서(1708년, 런던)

레위기 Leviticus 11:3

"짐승 가운데 굽이 갈라지고 그 틈이 벌어져 있으며 새김질하는 것은 모두 너희가 먹을 수 있다."

"You may eat any animal that has a cloven hoof, divided into two parts, and that is a ruminant."

굽이 갈라진 짐승 흠정영역성서(1708년, 런던)

레위기 Leviticus 11:4

"낙타는 새김질은 하지만 굽이 갈라지지 않았으므로 너희에게 부정한 것이다."

"Camel must be held unclean, because though it is ruminant, it has not a cloven hoof."

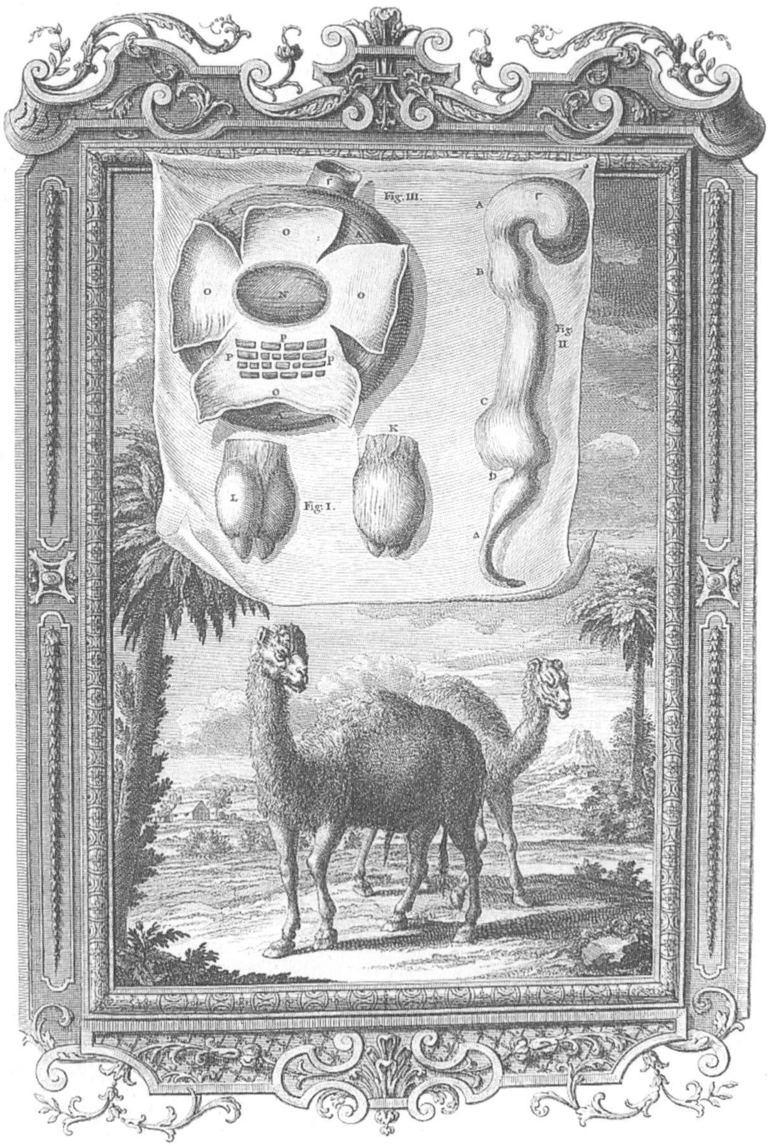

낙타 흠정영역성서(1708년, 런던)

레위기 Leviticus 11:7

"돼지는 굽이 갈라지고 그 틈이 벌어져 있지만 새김질을 하지 않으므로 너희에게 부정한 것이다."

"The pigs must be held unclean, because though it has a cloven hoof, divided into two parts, it is not ruminant."

돼지 흠정영역성서(1708년, 런던)

레위기 Leviticus 11:11-12

"그것들은 너희에게 혐오스러운 것들이다. 너희는 그 고기를 먹어서는 안 되고, 그 주검도 혐오스럽게 여겨야 한다. 물에 살면서 지느러미와 비늘이 없는 것은 모두 너희에게 혐오스러운 것이다."

"You must hold them detestable; you are not to eat their flesh and you must avoid their carcasses. Anything that lives in water, but has no fins or scales, it is to be held detestable."

뱀장어 흠정영역성서(1708년, 런던)

레위기 11:13-19

“새들 가운데 너희가 혐오스럽게 여길 것은 이런 것들이다. 그것들은 혐오스러운 것이니 먹어서는 안 된다. 곧 독수리와 수염수리, 검은 솔개와 각종 솔개, 각종 모든 까마귀, 타조와 쏙독새와 갈매기와 각종 매, 부엉이와 가마우지와 올빼미, 흰올빼미와 사다새와 물수리, 황새와 각종 왜가리와 오디새와 박쥐다.”

독수리 흠정영역성서(1708년, 런던)

Leviticus 11:13-19

"Among the birds here are those you must hold detestable; they may not be eaten, they are detestable: The tawny vulture, the griffon, the osprey, the kite, the several kinds of buzzard, all kinds of raven, the ostrich, the screech owl, the seagull, the several kinds of hawk, horned owl, night owl, cormorant, barn owl, ibis, pelican, white vulture, stork, the several kinds of heron, hoopoe and bat."

부엉이와 펠리컨 흠정영역성서(1708년, 런던)

레위기 Leviticus 11:13-19

따오기

흠정영역성서(1708년, 런던)

레위기 Leviticus 11:13-19

올빼미, 백조, 박쥐 흠정영역성서(1708년, 런던)

레위기 Leviticus 11:22-23

"그래서 너희가 먹을 수 있는 것은 각종 메뚜기와 각종 방아깨비, 각종 누리와 각종 귀뚜라미다. 이 밖에 네 발이 있고 날개가 달린 모든 벌레는 너희에게 혐오스러운 것이다."

"These are the ones you may eat: the several kinds of migratory locust, solham, hargol and hagab locusts in their several kinds. But all winged insects on four feet you are to hold detestable."

메뚜기 흠정영역성서(1708년, 런던)

레위기 11:27

"네 발로 걷는 동물 가운데 발바닥으로 걷는 것은 모두 너희에게 부정한 것이다. 그 주검에 몸이 닿는 이는 모두 부정하게 된다."

사자, 원숭이　　　　　　흠정영역성서(1708년, 런던)

Leviticus 11:27

"Those four-footed animals which walk on the flat of their foot must be held unclean; anyone who touches their carcasses will be unclean until evening."

들짐승 사냥 흠정영역성서(1708년, 런던)

레위기 11:29-30

"땅을 기어 다니는 것들 가운데 너희에게 부정한 것은 족제비와 쥐와 각종 큰 도마뱀, 도마뱀붙이와 육지 악어와 도마뱀, 모래도마뱀과 카멜레온이다."

두더지, 쥐 흠정영역성서(1708년, 런던)

Leviticus 11;29 -30

"These are the small beasts crawling on the ground that you are to hold unclean: the mole, the rat, the several kinds of lizzard: gekko, koah, letaah, chameleon and tinshameth."

도마뱀, 개구리, 거북이 흠정영역성서(1708년, 런던)

레위기 Leviticus 11;29 -30

고슴도치, 카멜레온 흠정영역성서(1708년, 런던)

레위기 Leviticus 11:33

"이런 것들이 옹기그릇 속에 떨어지면, 그것이 어떤 것이든 그 안에 있는 것은 모두 부정하게 된다. 너희는 그 그릇을 깨뜨려 버려야 한다."

"If the creature falls into an earthenware vessel, the vessel must be broken; whatever the vessel contains is unclean."

짐승의 사체 흠정영역성서(1708년, 런던)

레위기 Leviticus 11:44

"나는 주 너희 하느님이다. 내가 거룩하니 너희도 자신을 거룩하게 하여 거룩한 사람이 되어야 한다. 무엇이든 땅에서 우글거리며 기어 다니는 것으로 너희 자신을 부정하게 하여서는 안 된다."

"For it is I, Yahweh, who am your God. You have been sanctified and become holy because I am holy; do not defile yourself with all these beasts that crawl on the ground."

뱀 흠정영역성서(1708년, 런던)

레위기 Leviticus 12:2-3

"여자가 아기를 배어 사내아이를 낳았을 경우, 이레 동안 부정하게 된다. 월경할 때와 같이 부정하게 된다. 여드레째 되는 날에는 아기의 포피를 잘라 할례를 베풀어야 한다."

"If a woman conceives and gives birth to a boy, she is to be unclean for seven days, just as she is unclean during her monthly periods. On the eighth day the child's foreskin must be circumcised."

출산 흠정영역성서(1708년, 런던)

레위기 Leviticus 12:6

“몸이 정결하게 되는 기간이 차면, 아들이나 딸을 위하여 번제물로 바칠 일 년 된 어린 양 한 마리와, 속죄 제물로 바칠 집비둘기나 산비둘기 한 마리를 만남의 천막 어귀로 가져와서 사제에게 주어야 한다.”

“When the period of her purification is over, for either boy or girl, she is to bring to the priest at the entrance of the Tent of Meeting a lamb one year old for a holocaust, and a young pigeon or a turtledove as a sacrifice for sin.”

해산 후 제물 흠정영역성서(1708년, 런던)

레위기 Leviticus 13:2

"누구든지 살갗에 부스럼이나 습진이나 얼룩이 생겨, 그 살갗에 악성 피부병이 나타나면, 그를 아론 사제나 그의 아들 사제 가운데 한 사람에게 데려가야 한다."

"If a swelling or scab or shiny spot appears on a man's skin, a case of leprosy of the skin is to be suspected. The man must be taken to Aaron, the priest, or to one of the priests who are his sons."

악성 피부병 흠정영역성서(1708년, 런던)

레위기 Leviticus 13:29-30

"남자든 여자든 머리나 턱에 어떤 병이 나타나면, 사제는 그 병을 살펴본다. 그 자리가 다른 살갗보다 우묵하게 들어가 보이고, 거기에 난 털이 누렇고 가늘면, 사제는 그를 부정한 이로 선언한다."

"If a man or a woman has a sore on the head or chin, the priest must examine this sore; and if he finds a depression visible in the skin, with the hair on it yellow and thin, he must declare the sick person unclean."

머리나 털의 피부병 흠정영역성서(1708년, 런던)

레위기 Leviticus 13:41-42

“앞 머리카락만 빠지면 앞 대머리가 될 뿐, 그는 정결하다. 그러나 대머리가 된 정수리나 이마에 희불그레한 병반이 나타나면, 그것은 정수리나 이마에 생겨난 악성 피부병이다.”

“If he loses the hair off the front of the head, this is baldness of the forehead but the man is clean. If, however, a reddish white sore appears on scalp or forehead, this means that leprosy has broken out on the man’s scalp or forehead.”

대머리 흠정영역성서(1708년, 런던)

레위기 Leviticus 13:52

"그래서 병든 것은, 모직이나 아마포로 된 옷이든, 직물이든, 편물이든, 또는 어떤 가죽 제품이든 불에 태워야 한다. 그것은 해로운 곰팡이이므로 불에 태워야 한다."

"He will burn this clothing, fabric, linen or woolen covering, leather article of any kind, on which the infection has appeared; for it is a contagious leprosy which must be destroyed by fire."

해로운 곰팡이 흠정영역성서(1708년, 런던)

레위기 14:6-7

"그러고 나서 그는 살아 있는 다른 새와 향백 나무와 다홍실과 우슬초를 가져다가, 이 물건들과 살아 있는 새를, 생수 위에서 잡은 새의 피에 찍어, 악성 피부병에 걸렸다가 정결하게 되려는 이에게 일곱 번 뿌린다. 그런 다음 그를 정결한 이로 선언하고, 살아 있는 새를 들로 날려 보낸다."

정결 예식 흠정영역성서(1708년, 런던)

Leviticus 14:6-7

"Then he is to take the live bird, the cedar wood, the scarlet and the hyssop and he must dip all of this (including the live bird) into the blood of the bird immolated over running water. Then he must sprinkle the man who is to be purified of leprosy seven times, and having declared him clean, must set the live bird free to fly off into the open country."

정결 예식의 제물 흠정영역성서(1708년, 런던)

레위기 Leviticus 14:36

"사제는 자기가 그 병을 살펴보러 가기 전에 집을 비우도록 지시한다. 비우지 않으면 그 집 안에 있는 것이 모두 부정하게 된다. 그렇게 한 다음에 사제는 그 집을 살펴보러 간다."

"The priest is to give orders for the house to be emptied before he goes to examine the infection; thus nothing in the house will become unclean. Then the priest must go and look at the house."

집을 검사하다　　　　흠정영역성서(1708년, 런던)

레위기 Leviticus 15:16, 18

"남자가 정액을 흘릴 경우, 온몸을 물로 씻어야 한다. 그는 저녁때까지 부정하게 된다. 남자가 여자와 동침하여 정액을 쏟으면, 둘 다 물로 몸을 씻어야 한다. 그들은 저녁때까지 부정하게 된다."

"When a man has a seminal discharge, he must wash his whole body with water and he shall be unclean until evening. When a woman has slept with a man, both of them must wash and they will be unclean until evening."

남자의 정액 흠정영역성서(1708년, 런던)

레위기 Leviticus 15:19

"여자에게서 무엇인가가 흐를 경우, 곧 그곳에서 피가 흐를 때에 그 여자는 이레 동안 부정하게 된다. 그 여자의 몸에 닿는 이는 모두 저녁때까지 부정하게 된다."

"When a woman has a discharge of blood, and blood flows from her body, this uncleanness of her monthly periods shall last for seven days."

여자의 월경 흠정영역성서(1708년, 런던)

레위기 Leviticus 17:7

"그들은 더 이상 자기들이 불륜을 저지르며 따르던 염소 귀신들에게 제물을 잡아 바쳐서는 안 된다. 이것은 그들이 대대로 지켜야 하는 영원한 규칙이다."

"They must no longer offer their sacrifices to the satyrs in whose service they once prostituted themselves. This is a perpetual law for them and for their descendants."

염소 귀신　　　　흠정영역성서(1708년, 런던)

레위기 Leviticus 19:15-16

"너희는 재판할 때 불의를 저질러서는 안 된다. 너희는 가난한 이라고 두둔해서도 안 되고, 세력 있는 이라고 우대해서도 안 된다. 너희 동족을 정의에 따라 재판해야 한다."

"You must not guilty of unjust verdicts. You must neither be partial to the little man nor overawed by the great; you must pass judgement on your neighbor according to justice."

공정한 재판　　　　　흠정영역성서(1708년, 런던)

레위기 Leviticus 19:19

“너희는 종류가 서로 다른 가축끼리 교배시켜서는 안 된다. 너희 밭에 서로 다른 두 가지 씨앗을 뿌려서는 안 된다. 서로 다른 두 가지 옷감으로 만든 옷을 걸쳐서는 안 된다.”

“You are not mate your cattle with those of another kind; you are not to sow two kinds of grain in your field; you are not wear a garment made from two kinds of fabric.”

가축의 교배 흠정영역성서(1708년, 런던)

레위기 Leviticus 21:17

“너의 후손 대대로, 몸에 흠이 있는 사람은 자기 하느님에게 양식을 바치러 가까이 오지 못한다.”

“None of your descendants, in any generation, must come forward to offer the food of his God if he has any infirmity.”

사제직에 부적절한 사람들 흠정영역성서(1708년, 런던)

레위기 Leviticus 22:2

"너는 아론과 그의 아들들에게 일러, 이스라엘 자손들이 나에게 봉헌하는 거룩한 예물들을 조심스럽게 다루어, 나의 거룩한 이름을 더럽히는 일이 없게 하여라."

"Speak to Aaron and his sons: let them be consecrated through the holy offerings of the sons of Israel, and not profane my holy name, for my sake they are to sanctify it."

거룩한 예물 흠정영역성서(1708년, 런던)

레위기 Leviticus 22:32

“나의 거룩함이 이스라엘 자손들 가운데 드러나도록, 너희는 나의 거룩한 이름을 더럽혀서는 안 된다. 나는 너희를 거룩하게 하는 주님이다.”

“You must not profane my holy name, so that I may be proclaimed holy among the sons of Israel, I, Yahweh who sanctify you.”

제단 흠정영역성서(1708년, 런던)

레위기 23:10

"너희는 내가 너희에게 주는 땅으로 들어가서 수확을 거두어들일 때, 너희 수확의 맏물인 곡식 단을 사제에게 가져와야 한다."

"When you enter the land that I give you, and gather in the harvest there, you must bring the first sheaf of your harvest to the priest."

수확의 맏물 흠정영역성서(1708년, 런던)

레위기 Leviticus 23:39

"땅의 소출을 거두고 난 다음, 너희는 일곱 째 달 보름날부터 이레 동안 주님의 축제를 지내야 한다. 첫날은 안식일이고 여드레째 되는 날도 안식의 날이다."

"But on the fifteenth day of the seventh month, when you have harvested the produce of the land, you are to celebrate the feast of Yahweh for seven days. On the first and eighth days there shall be a complete rest."

초막절 흠정영역성서(1708년, 런던)

레위기 Leviticus 25:10

"너희는 이 오십 년째 해를 거룩한 해로 선언하고, 너희 땅에 사는 모든 주민에게 해방을 선포하여라. 이 해는 너희의 희년이다. 너희는 저마다 제 소유지를 되찾고, 저마다 자기 씨족에게 돌아가야 한다."

"You will declare this fiftieth year sacred and proclaim the liberation of all the inhabitants of the land. This is to be a jubilee for you; each of you will return to his ancestral home, each to his own clan."

희년 흠정영역성서(1708년, 런던)

레위기 26:14,16

“그러나 너희가 나의 말을 듣지 않고 이 모든 계명을 실천하지 않으면, 나는 너희에게 갑작스러운 재난을, 곧 폐병과 열병을 보내어, 눈이 어두워지고 목숨이 사그라지게 하겠다.”

“But if you do not observe each one of these commandments, I will inflict terror on you, consumption and fever that waste the eyes away and exhaust the breath of life.”

거역에 대한 처벌 흠정영역성서(1708년, 런던)

민수기
Numbers

민수기 Numbers 1:1-2

"이스라엘 자손들이 이집트 땅에서 나온 그 이듬해 둘째 달 초하룻날, 주님께서 시나이 광야에 있는 만남의 천막에서 모세에게 이르셨다. "너희는 씨족과 집안에 따라 이스라엘 자손들의 온 공동체의 수를 세어라."

Yahweh spoke to Moses, in the wilderness of Sinai, in the Tent of Meeting, on the first day of the second month, in the second year after the exodus from the land of Egypt. He said: "Take a census of the whole community of Israel's sons, by clans and families."

시나이 사막의 계곡

민수기 Numbers 1:45-46

이렇게 이스라엘에서 전쟁에 나갈 수 있는 스무 살 이상 된 사람으로서 집안별로 사열을 받은 이스라엘의 모든 자손의 수는, 곧 사열을 받은 이들의 총수는 육십만 삼천오백오십 명이었다.

Every man of Israel of twenty years and over, fit to bear arms, was counted according to his patriarchal House. Altogether the full total was six hundred and three thousand five hundred and fifty.

인구조사 흠정영역성서(1708년, 런던)

민수기 2:2

"이스라엘 자손들은 저마다 제 집안의 표지로 세운 깃발 아래 진을 쳐야 한다.
만남의 천막에서 조금 떨어진 그 둘레에 진을 쳐야 한다."

이스라엘 진영 흠정영역성서(1708년, 런던)

Numbers 2:2

"The sons of Israel are to pitch their tents, every man by his own standard, under the banner of his patriarchical House. They are to pitch their tents all around the tabernacle of the Testimony, at a measured distance."

성막 둘레의 진영

민수기 Numbers 3:39

모세와 아론이 주님의 분부에 따라 씨족별로 사열한 레위인들은 모두, 곧 태어난 지 한 달 이상 된 남자는 모두 이만 이천 명이었다.

Altogether, the total count of Levites of the age of one month and over, whom Moses numbered by clans as Yahweh had ordered, came to twenty-two thousand.

레위인 숫자 흠정영역성서(1708년, 런던)

민수기 Numbers 5:27

"그 물을 여자에게 마시게 하였을 때, 그 여자가 몸을 더럽히고 자기 남편을 배신하였으면, 저주를 부르는 그 물이 몸 안에 들어가 쓰라리게 할 것이다."

"After he has made her drink it, if it is true that she has disgraced herself, deceiving her husband, then the water of cursing that goes into her shall indeed be bitter."

간통 혐의 흠정영역성서(1708년, 런던)

민수기 Numbers 6:2-3

"남자든 여자든 자신을 주님께 봉헌하기로 하고, 특별한 서원 곧 나지르인 서원을 할 경우, 그는 포도주와 독주를 삼가야 하고, 포도주로 만든 식초와 독주로 만든 식초를 마셔서는 안 된다."

"If a man or a woman wishes to make a vow, the vow of the nazirite by which he is pledged to Yahweh, he shall abstain from wine and strong drink, and neither drink the juice of grapes, nor eat grapes, fresh or dried."

나지르인 서원　　　흠정영역성서(1708년, 런던)

민수기 Numbers 7:1-2

성막 세우는 일을 마치던 날에 모세는 성막에 기름을 부어, 성막과 거기에 딸린 모든 기물, 그리고 제단과 거기에 딸린 모든 기물을 성별하였다. 모세가 그것들에 기름을 부어 성별하자, 이스라엘의 수장들 곧 각 집안의 우두머리들이 예물을 바쳤다.

On the day Moses finished setting up the tabernacle, he anointed and consecrated it with all its furniture, as well as the altar and all its accessories. When he had anointed and consecrated it all, the leaders of Israel made an offerings; these were the heads of the patriarchal Houses.

수장들의 예물　　　　흠정영역성서(1708년, 런던)

민수기 Numbers 11:1-2

백성이 주님의 귀에 거슬리는 불평을 하였다. 주님께서 그것을 들으시고 진노하셨다. 그러자 주님의 불이 그들을 거슬러 타올라 진영 언저리를 삼켜 버렸다. 백성이 모세에게 부르짖었다. 그리하여 모세가 주님께 기도하자 불이 꺼졌다.
Now the people set up a lament which was offensive to Yahweh's ears, and Yahweh heard it. His anger blazed, and the fire of Yahweh burned among them: it destroyed one end of the camp. The people appealed to Moses and he interceded with Yahweh and the fire died down.

불타는 이스라엘 진영 흠정영역성서(1708년, 런던)

민수기 11:4-5

"누가 우리에게 고기를 먹여 줄까? 우리가 이집트 땅에서 공짜로 먹던 생선이며, 오이와 수박과 부추와 파와 마늘이 생각나는구나."

오이 흠정영역성서(1708년, 런던)

Numbers 11:4-5

"Who will give us meat to eat?" they said. "Think of the fish we used to eat free in Egypt, the cucumbers, melons, leeks, onions and garlic!"

참외 흠정영역성서(1708년, 런던)

민수기 Numbers 11:4-5

부추　　　　흠정영역성서(1708년, 런던)

민수기 Numbers 11:4-5

마늘 흠정영역성서(1708년, 런던)

민수기 Numbers 11:7-8

만나는 고수 씨앗과 비슷하고 그 빛깔은 브델리움 같았다. 백성은 돌아다니며 그것을 거두어서, 맷돌에 갈거나 절구에 빻아 냄비에다 구워 과자를 만들었다. 그 맛은 기름과자 맛과 같았다.

The manna was like coriander seed, and had the appearance of bdellium. The people went around gathering it, and ground it in a mill or crushed it with a pestle; it was then cooked in a pot and made into pancakes. It tasted like cake made with oil.

만나 흠정영역성서(1708년, 런던)

민수기 Numbers 11:33

그런데 그들이 고기를 다 씹기도 전에, 주님께서 백성에게 진노하셨다. 그래서 주님께서는 매우 큰 재앙으로 백성을 치셨다.

The meat was still between their teeth, not even chewed, when the anger of Yahweh blazed out against the people. Yahweh struck them with a very great plague.

주님의 재앙 흠정영역성서(1708년, 런던)

민수기 Numbers 12:8-10

"그런데 너희는 어찌하여 두려움도 없이 나의 종 모세를 비방하느냐?" 주님께서 그들에게 진노하시며 떠나가셨다. 구름이 천막 위에서 물러가자, 미르암이 악성 피부병에 걸려 눈처럼 하얗게 되어 있는 것이 아닌가!

"How then have you dared to speak against my servant Moses?" The anger of Yahweh blazed out against them. He departed, and as soon as the cloud withdrew from the Tent, there was Miriam a leper, white as snow!

악성 피부병에 걸린 미르암 흠정영역성서(1708년, 런던)

민수기 Numbers 13:2

"사람들을 보내어, 내가 이스라엘 자손들에게 주는 가나안 땅을 정찰하게 하여라."

"Send out men, one from each tribe, to make a reconnaissance of this land of Canaan which I am giving to the sons of Israel."

정찰대 흠정영역성서(1708년, 런던)

민수기 13:23

그들은 에스콜 골짜기에 이르러, 포도송이 하나가 달린 가지를 잘라, 두 사람이 막대기에 꿰어 둘러메었다. 석류와 무화과도 땄다.

정찰대

구스타프 도레 작

Numbers 13:23

They came to the Valley of Eshcol; there they lopped off a vine branch with a cluster of grapes, which two of them carried away with a pole, as well as pomegranates and figs.

정찰대 율리우스 슈노르 폰 카롤스펠트 작

민수기 Numbers 13:33

"우리는 또 그것에서 나필족을 보았다. 아낙의 자손들은 바로 이 나필족에서 나온 것이다. 우리 눈에도 우리 자신이 메뚜기 같았지만, 그들의 눈에도 그랬을 것이다."

"Yes, and we saw giants there (the sons of Anak, descendants of the Giants). We felt like grasshoppers, and so we seemed to them."

거인들 흠정영역성서(1708년, 런던)

민수기 Numbers 15:15-16

"회중에게는, 너희에게나 함께 머무르는 이방인에게나 규정은 한 가지뿐이다. 너희나 이방인이나 주님 앞에서는 마찬가지다."

"There shall be only one law for you and for the settlers among you. Before Yahweh, you and the settler are alike."

제물 흠정영역성서(1708년, 런던)

민수기 16:29-30

"그러나 주님께서 완전히 새로운 일을 하시어, 땅바닥이 입을 열어젖히고 이들과 이들에게 딸린 모든 것을 집어삼켜서, 이자들이 산 채로 저승에 내려가게 되면, 그때에 너희는 이 사람들이 과연 주님을 업신여겼다는 것을 알게 될 것이다."

땅에 삼켜진 사람들　　　　　흠정영역성서(1708년, 런던)

Numbers 16:29-30

"But if Yahweh does something utterly new, if the earth open its mouth and swallow them, themselves and all that belongs to them, so that they go down alive to Sheol, then you will know that these men have rejected Yahweh."

코라와 그 일당의 죽음 구스타프 도레 작

민수기 Numbers 17:6, 9-10

이튿날 이스라엘 자손들의 온 공동체가 모세와 아론에게, "당신들은 주님의 이스라엘 백성을 죽였소." 하며 투덜거렸다. 주님께서 모세에게 이르셨다. "너희는 이 공동체에서 물러서라. 내가 그들을 한순간에 없애 버리겠다."

On the following day, the entire community of the sons of Israel grumbled against Moses and Aaron, saying, "You have brought death to the people of Yahweh." Yahweh spoke to Moses and said, "Stand clear of this community; I am going to destroy them here and now."

아론의 속죄의식 흠정영역성서(1708년, 런던)

민수기 Numbers 17:20

“내가 선택하는 바로 그 사람의 지팡이에서 싹이 돋을 것이다. 이렇게 하여 이스라엘 자손들이 너희에게 투덜거리는 것을 멈추게 하겠다.”

“The man whose branch sprouts will be the one I have chosen; this is how I shall put an end to the complaints that the sons of Israel make against you.”

아론의 지팡이　　흠정영역성서(1708년, 런던)

민수기 Numbers 19:2, 9

"너는 이스라엘 자손들에게 일러, 흠 없이 온전하고 아직 멍에를 메어 본 일이 없는 붉은 암소를 너에게 끌어 오게 하여라. 이 암소는 속죄 제물이다."
"They are to bring you a red heifer without fault or blemish, one that has never borne the yoke. It is a sacrifice for sin."

속죄 제물 흠정영역성서(1708년, 런던)

민수기 Numbers 20:3-5

백성은 모세와 시비하면서 말하였다. "어쩌자고 당신들은 주님의 공동체를 이 광야로 끌고 와서, 우리와 우리 가축을 여기에서 죽게 하시오? 여기는 곡식도 무화과도 포도도 석류도 자랄 곳이 못 되오. 마실 물도 없소."

The people challenged Moses: "Why did you bring the assembly of Yahweh into this wilderness, only to let us die here, ourselves and our cattle? It is a place unfit for sowing, it has no figs, no vines, no pomegranates, and there is not even water to drink!"

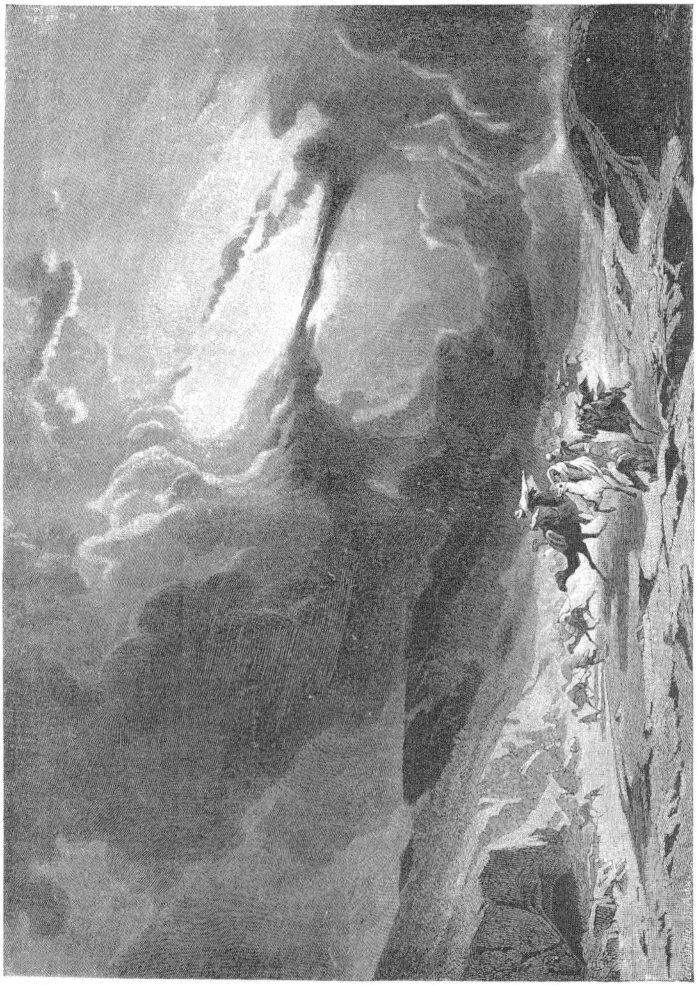

사막의 모래폭풍

민수기 Numbers 20:25-26

"너는 아론과 그의 아들 엘아자르를 데리고 호르 산으로 올라가서 아론의 옷을 벗겨 그의 아들 엘아자르에게 입혀라. 아론은 선조들 곁으로 간다. 그는 거기서 죽을 것이다."

"Take Aaron and Eleazar his son, and bring them up Mount Hor. There, strip Aaron of his garments and put them on Eleazar his son, and Aaron will be gathered to his people: he is to die there."

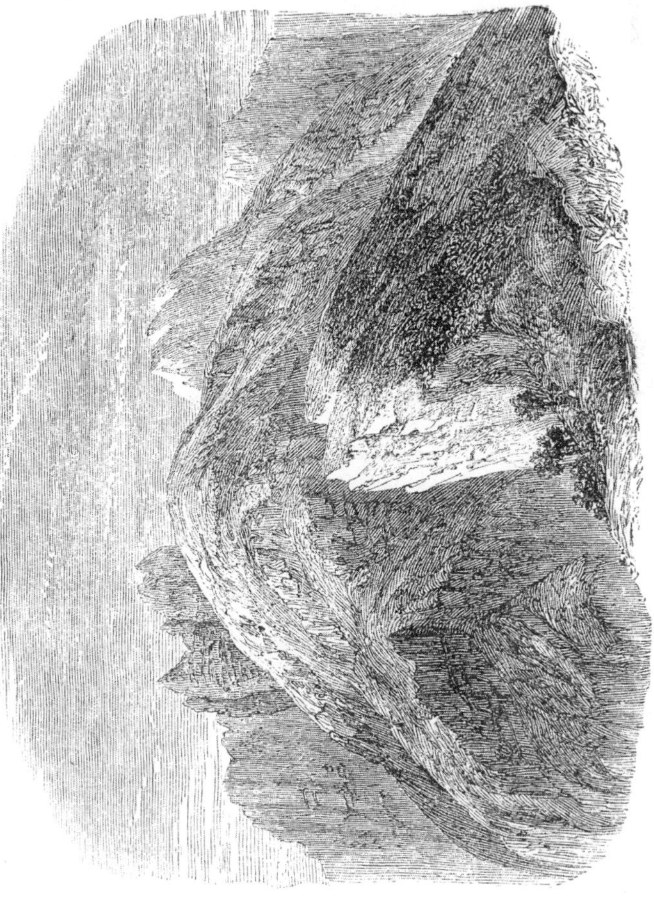

아론이 죽은 호르 산

민수기 21:4-6

그들은 에돔 땅을 돌아가려고, 호르 산을 떠나 갈대 바다로 가는 길에 들어섰다. 길을 가는 동안에 백성은 마음이 조급해졌다. 그래서 백성은 하느님과 모세에게 불평하였다. 그러자 주님께서 백성에게 불 뱀을 보내셨다. 그것들이 백성을 물어, 많은 이스라엘 백성이 죽었다.

구리 뱀 피에르 서블레라 작

Numbers 21:4-6

They left Mount Hor by the road to the Sea of Suph, to skirt the land of Edom. On the way the people lost patience. They spoke against God and against Moses. At this God sent fiery serpents among the people; their bite brought death to many in Israel.

구리 뱀 율리우스 슈노르 폰 카롤스펠트 작

민수기 21:8-9

그러자 주님께서 모세에게 말씀하셨다. "너는 불 뱀을 만들어 기둥 위에 달아 놓아라. 물린 자는 누구든지 그것을 보면 살게 될 것이다." 그리하여 모세는 구리 뱀을 만들어 그것을 기둥 위에 달아 놓았다. 뱀이 사람을 물었을 때, 그 사람이 구리 뱀을 쳐다보면 살아났다.

구리 뱀 흠정영역성서(1708년, 런던)

Numbers 21:8-9

Yahweh answered him, "Make a fiery serpent and put it on a standard. If anyone is bitten and looks at it, he shall live." So Moses fashioned a bronze serpent which he put on a standard, and if anyone was bitten by a serpent, he looked at the bronze serpent and lived.

구리 뱀 구스타프 도레 작

민수기 Numbers 22:21-22

발라암은 아침에 일어나 나귀에 안장을 얹고, 모압의 대신들과 함께 길을 떠났다. 하느님께서는 발라암이 가는 것을 보고 진노하셨다. 그래서 주님의 천사가 그를 막으려고 길에 서 있었다.

In the morning Balaam rose and saddled his donkey and set out with the chiefs of Moab. His going kindled the wrath of Yahweh, and the angel of Yahweh took his stand on the road to bar his way.

발라암에게 나타난 천사 구스타프 도레 작

민수기 Numbers 22:27

나귀는 주님의 천사를 보고 발라암을 태운 채 주저앉아 버렸다. 발라암은 화가 나서 지팡이로 나귀를 때렸다.

When the donkey saw the angel of Yahweh, she lay down under Balaam. Balaam flew into a rage and beat her with his stick.

발라암의 나귀 흠정영역성서(1708년, 런던)

민수기 23:22-23

"그들을 이집트에서 이끌어 내신 하느님은 그들에게 들소의 뿔 같은 분이시다. 정녕 야곱에는 점술이 없고 이스라엘에는 주술이 없다."

들소 흠정영역성서(1708년, 런던)

Numbers 23:22-23

"God brings him out of Egypt, he is like the wild ox's horns to him. There is no omen against Jacob, no divination against Israel."

코뿔소 흠정영역성서(1708년, 런던)

민수기 Numbers 23:24

"보라, 암사자처럼 일어나고 수사자처럼 일어서는 백성을. 짐승을 잡아먹지 않고서는, 잡은 짐승의 피를 마시지 않고서는 눕지 않는다."

"Here is a people like a lioness rising, poised like a lion to spring; not lying down till he has devoured his prey and drunk the blood of his victims."

사자 흠정영역성서(1708년, 런던)

민수기 24:5-6

“야곱아, 너의 천막들이, 이스라엘아, 너의 거처가 어찌 그리 좋으냐? 골짜기처럼 뻗어 있고 강가의 동산 같구나. 주님께서 심으신 침향나무 같고 물가의 향백나무 같구나.”

침향목 흠정영역성서(1708년, 런던)

Numbers 24:5-6

"How fair are your tents, O Jacob! How fair your dwellings, O Israel! Like valleys that stretch afar, like gardens by the banks of a river, like aloes planted by Yahweh, like cedars beside the waters!"

물가의 향목들 흠정영역성서(1708년, 런던)

민수기 Numbers 26:1-2

주님께서 모세와 아론 사제의 아들 엘아자르에게 말씀하셨다. "너희는 조상 대대로 내려온 집안에 따라 이스라엘 자손들의 온 공동체, 곧 이스라엘에서 전쟁에 나갈 수 있는 스무 살 이상 된 남자들의 수를 모두 세어라."

Yahweh spoke to Moses and to Eleazar son of Aaron, the priest. He said: "Take a census of all the community of the sons of Israel, by families: all those of twenty years and over, fit to bear arms."

모압 벌판의 이스라엘 자손 흠정영역성서(1708년, 런던)

민수기 Numbers 27:18-19

주님께서 모세에게 대답하셨다. "눈의 아들 여호수아를 데려오너라. 그는 영을 지닌 사람이다. 너는 그에게 네 손을 얹어라. 그리고 그를 엘아자르 사제와 온 공동체 앞에 세워, 그들이 보는 앞에서 임명하여라."

Yahweh answered Moses, "Take Joshua son of Nun, a man in whom the spirit dwells. Lay your hands on him. Then bring him before Eleazar the priest and the whole community, to give him your orders in their presence."

여호수아를 후계자로 임명하다 율리우스 슈노르 폰 카롤스펠트 작

민수기 35:6

"너희가 레위인들에게 내줄 성읍들에는 살인자가 피신할 수 있도록 너희가 정한 도피 성읍 여섯이 들어 있어야 한다. 이 밖에도 너희는 마흔두 성읍을 내주어야 한다."

살인자의 도피 성읍

흠정영역성서(1708년, 런던)

Numbers 35:6

"The towns you hand over to the Levites will be six cities of refuge, ceded by you as sanctuary for men who cause another's death; and you are to hand over forty-two towns in addition."

살인자의 도피 성읍 흠정영역성서(1708년, 런던)

신명기
Deuteronomy

신명기 Deuteronomy 1:7

"이제 발길을 돌려 떠나라. 아모리족의 산악 지방, 그리고 그 부근의 모든 지역, 곧 아라바, 산악 지방, 평원 지대, 네겝, 해안 지대로 가거라. 가나안족의 땅, 그리고 레바논과 큰 강 유프라테스 강까지 가거라."

"Move on from here, continue your journey, go to the highlands of the Amorites, to those who make their home in the Arabah, in the highlands, in the lowlands, in the Negeb and in the coastland; go into the land of Canaan and to Lebanon as far as the great river Euphrates."

레바논 산맥

신명기 Deuteronomy 1:42-43

"그때에 주님께서 나에게 말씀하셨다. '그들에게 말하여라. 내가 그들 가운데 없을 것이니, 너희는 올라가지도 말고 싸우지도 마라. 그래야 너희가 적 앞에서 패배하지 않을 것이다.' 내가 이렇게 일렀지만 너희는 듣지 않았다."

"But Yahweh said to me, 'Tell them this: Do not go up and fight. I am not going among you. You will be defeated by your enemies.' And I did tell you, but you would not listen to me."

달아나는 이스라엘 사람들　　　　흠정영역성서(1708년, 런던)

신명기 Deuteronomy 3:11

"바산 임금 옥은 라파인들 가운데에서 홀로 살아남았다. 쇠로 만든 그의 침대가 지금도 암몬 자손들이 사는 리빠에 있지 않은가? 그것은 보통 암마로 길이가 아홉 암마, 너비가 네 암마나 된다."

"(Og king of Bashan was the last survivor of the Rephaim; his bed was the bed of iron that can be seen at Rabbah-of-the-Ammonites, nine cubits long and four wide, in the common cubit.)"

바산 왕 옥의 쇠 침대 흠정영역성서(1708년, 런던)

신명기 4:15-16

"주님께서 호렙 산 불 속에서 너희에게 말씀하시던 날, 너희는 어떤 형상도 보지 못하였으니 매우 조심하여, 남자의 모습이든 여자의 모습이든, 어떤 형상으로도 우상을 만들어 타락하지 않도록 하여라."

이방인의 우상　　　　　　　　　　　흠정영역성서(1708년, 런던)

Deuteronomy 4:15-16

"Take great care what you do, therefore: since you saw no shape on that day at Horeb when Yahweh spoke to you from the midst of the fire, see that you do not act perversely, making yourselves a carved image in the shape of anything at all: whether it be in the likeness of man or a woman."

우상 숭배 흠정영역성서(1708년, 런던)

신명기 Deuteronomy 4:21

"주님께서는 너희 때문에 나에게 진노하시어, 내가 요르단을 건너지 못하고, 주 너희 하느님께서 너희에게 상속 재산으로 주시는 저 좋은 땅에 들어가지 못한다고 맹세하셨다."

"Yahweh has been angry with me on your account; he has sworn that I shall not cross the Jordan or enter the prosperous land which Yahweh your God is giving you as your heritage."

산 위에 선 모세 흠정영역성서(1708년, 런던)

신명기 Deuteronomy 8:4-5

“이 사십 년 동안 너희 몸에 걸친 옷이 해진 적이 없고, 너희 발이 부르튼 적이 없다. 너희는 마치 사람이 자기 아들을 단련시키듯, 주 너희 하느님께서 너희를 단련시키신다는 것을 마음 깊이 알아 두어야 한다.”

“The clothes on your back did not wear out and your feet were not swollen, all those forty years. Learn from this that Yahweh your God was training you as a man trains his child.”

옷과 신발　　　　흠정영역성서(1708년, 런던)

신명기 8:7

"주 너희 하나님께서는 너희를 좋은 땅으로 데리고 가신다. 그곳은 물이 흐르는 시내와 샘이 있고, 골짜기와 산에서는 지하수가 솟아나오는 땅이다."

비옥한 땅 흠정영역성서(1708년, 런던)

Deuteronomy 8:7

"But Yahweh your God is bringing you into a prosperous land, a land of streams and springs, of waters that well up from the deep in valleys and hills."

석류 흠정영역성서(1708년, 런던)

신명기 Deuteronomy 8:14-15

"너희 마음이 교만해져, 너희를 이집트 땅, 종살이하던 집에서 이끌어 내신 주 너희 하느님을 잊지 않도록 하여라. 그분은 불 뱀과 전갈이 있는 크고 무서운 광야, 물 없이 메마른 땅에서 너희를 인도하신 분이시다."

"Do not become proud of heart. Do not then forget Yahweh your God who brought you out of the land of Egypt, out of the house of slavery: who guided you through this vast and dreadful wilderness, a land of fiery serpents, scorpions, thirst."

불 뱀과 전갈의 광야 흠정영역성서(1708년, 런던)

신명기 Deuteronomy 11:8-9

"그러므로 너희는 내가 오늘 너희에게 명령하는 모든 계명을 지켜야 한다. 그러면 너희가 강해져서, 너희가 건너가 차지하려는 땅에 들어가 그 땅을 차지할 것이다. 또한 너희는 주님께서 너희 조상들과 그 후손들에게 주시겠다고 맹세하신 땅, 젖과 꿀이 흐르는 땅에서 오래 살 것이다."

"You must keep all the commandment I enjoin on you today, so that you may have strength to conquer the land into which you are to cross to make it your own, and to live long in the land which Yahweh swore to give to your fathers and their descendants, a land where milk and honey flow."

젖과 꿀이 흐르는 땅 흠정영역성서(1708년, 런던)

신명기 Deuteronomy 11:29

“주 너희 하느님께서 너희가 차지하러 들어가려는 땅으로 너희를 데려가시면, 그리짐 산 위에서는 축복을, 에발 산 위에서는 저주를 선언해야 한다.”

“And when Yahweh your God has brought you into the land which you are to enter and make your own, you shall set the blessing on Mount Gerizim and the curse on Mount Ebal.”

그리짐 산

신명기 14:4-6

"너희가 먹을 수 있는 짐승은 이런 것들이다. 곧 소와 양과 염소, 사슴과 영양과 꽃사슴, 들염소와 산염소, 그리고 들양과 산양이다. 짐승 가운데 굽이 갈라지고 그 틈이 둘로 벌어져 있으며 새김질하는 짐승은 모두 너희가 먹을 수 있다."

깨끗한 짐승 흠정영역성서(1708년, 런던)

Deuteronomy 14:4-6

"These are the animals you may eat: ox, sheep, goat, deer, gazelle, roebuck, ibex, antelope, oryx, mountain sheep. You may eat any animal that has a divided and cloven hoof and that is a ruminant."

사슴 흠정영역성서(1708년, 런던)

신명기 Deuteronomy 14:4-6

산양

흠정영역성서(1708년, 런던)

신명기 Deuteronomy 14:4-6

산염소

흠정영역성서(1708년, 런던)

신명기 Deuteronomy 18:1

"레위인 사제들을 비롯하여 온 레위 지파는 이스라엘과 함께 받을 몫이나 상속 재산이 없다. 그래서 그들은 주님께 바치는 화제물과 사람들이 그분의 상속 재산에서 바치는 예물을 먹고 살아야 한다."

"The levitical priests, that is to say the whole of the tribe of Levi, shall have no share or inheritance with Israel; they shall live on the foods offered to Yahweh and on his dues."

레위인들의 몫　　　　흠정영역성서(1708년, 런던)

신명기 18:10-11

"너희에게는 제 아들이나 딸을 불 가운데로 지나가게 하는 자와, 점쟁이와 복술가와 요술사와 주술사, 그리고 주문을 외우는 자와 혼령이나 혼백을 불러 물어보는 자와 죽은 자에게 문의하는 자가 있어서는 안 된다."

점성술 흠정영역성서(1708년, 런던)

Deuteronomy 18:10-11

“There must be never be anyone among you who makes his son or daughter pass through fire, who practices divination, who is soothsayer, augur or sorcerer, who uses charms, consults ghosts or spirits, or calls up the dead.”

점성술사

신명기 Deuteronomy 18:10-11

마녀의 죽음 카를로 티토 달보노 작

신명기 Deuteronomy 18:10-11

점쟁이들

흠정영역성서(1708년, 런던)

신명기 Deuteronomy 18:10-11

주문을 외는 자　　흠정영역성서(1708년, 런던)

신명기 Deuteronomy 22:8

"너희는 새 집을 지을 경우, 옥상에 난간을 만들어야 한다. 그래야 누가 옥상에서 떨어지더라도, 너희 집에는 그 피에 대한 책임이 없을 것이다."

"When you build a new house you are to give your roof a parapet; then your house will not incur blood vengeance through anyone falling from it."

옥상의 난간 흠정영역성서(1708년, 런던)

신명기 Deuteronomy 22:9

"너희는 포도밭에 다른 종류의 씨를 뿌려서는 안 된다. 그렇게 하면 너희가 씨 뿌린 곡물과 포도밭의 소출이 모두 손댈 수 없는 것이 된다."

"You must not sow any other seed in your vineyard lest the whole of its produce become consecrated, both your crop you have sown and the produce of your vineyard."

포도밭 흠정영역성서(1708년, 런던)

신명기 Deuteronomy 22:10

"너희는 소와 나귀를 함께 부려서 밭을 갈아서는 안 된다."

"You must not plow with ox and donkey together."

밭갈이 흠정영역성서(1708년, 런던)

신명기 Deuteronomy 22:16-17

"젊은 여자의 아버지와 어머니는 젊은 여자의 처녀성을 증명하는 물증을 성문으로 그 성읍의 원로들에게 가지고 나간 다음, 성읍의 원로들 앞에 그 겉옷을 펴 놓아야 한다."

"The girl's father and mother must take her and produce the evidence of her virginity before the elders of the town at the gate. And they shall spread the cloth before the elders of the town."

처녀성의 증거　　　　흠정영역성서(1708년, 런던)

신명기 22:20-21

"그러나 그 일이 사실이어서 그 젊은 여자의 처녀성이 증명되지 않으면, 그 여자를 제 아버지의 집 대문으로 끌어내어, 그 성읍의 남자들이 그 여자에게 돌을 던져 죽여야 한다."

"But if the accusation that the girl cannot show the evidence of virginity is substantiated, they shall take her to the door of her father's house and her fellow citizens shall stone her to death."

부정한 처녀　　　　흠정영역성서(1708년, 런던)

신명기 Deuteronomy 28:15

"그러나 너희가 주 너희 하느님의 말씀을 듣지 않고, 내가 오늘 너희에게 명령하는 그분의 모든 계명과 규정을 명심하여 실천하지 않으면, 이 모든 저주가 내려 너희 위에 머무를 것이다."

"But if you do not obey the voice of Yahweh your God nor keep and observe all those commandments and statutes of his that I enjoin you today, then all the curses that follow shall come up with you and overtake you."

질병으로 처벌하시다　　　　흠정영역성서(1708년, 런던)

신명기 Deuteronomy 28:38-39

"너희가 밭에 씨를 많이 뿌려도 메뚜기가 그것을 먹어 치워 버려서, 너희는 조금밖에 거두지 못할 것이다. 너희가 포도나무를 심고 가꾸어도 벌레가 그것을 먹어 치워서, 너희는 포도주를 마시지도 못하고 저장하지도 못할 것이다."

"You will cast seed in plenty in the fields but harvest little, for the locust will devour it. You will plant and till your vineyards but not drink wine or gather grapes, for the grub will eat them up."

해충의 재앙 흠정영역성서(1708년, 런던)

신명기 Deuteronomy 28:49

"주님께서는 너희를 치라고 땅 끝 먼 곳에서 한 민족을 데려오실 것인데, 너희가 알아듣지도 못하는 말을 하는 그 민족이 너희에게 독수리처럼 날아들 것이다."

"Yahweh will raise against you a far-off nation from the end of the earth, like an eagle taking wing. This will be a nation whose language you do not understand."

이민족의 침입 흠정영역성서(1708년, 런던)

신명기 Deuteronomy 28: 53

"너희의 원수들이 너희를 조여 오는 곤경과 고난으로, 너희는 너희 몸의 소생을, 곧 주 너희 하느님께서 너희에게 주신 아들딸들의 살을 먹을 것이다."

"During the siege and in the distress to which your enemies will reduce you, you will eat the fruit of your body, the flesh of those sons and daughters of yours whom Yahweh has given you."

독수리　　　　　　　　　　흠정영역성서(1708년, 런던)

신명기 29:17

“너희 가운데에는 남자든 여자든, 씨족이든 지파든, 오늘 주 우리 하느님에게서 마음이 돌아서서, 저 민족들의 신들을 섬기러 가는 자가 있어서는 안 된다. 너희 가운데에는 이렇게 독이 든 쓴흰쑥 열매를 맺는 뿌리가 있어서는 안 된다.”

독초 흠정영역성서(1708년, 런던)

Deuteronomy 29:17

"Let there be no man or woman among you, no clan or tribe, whose heart turns away from Yahweh your God today to go and serve the gods of those nations. Let there be no root among you bearing fruit that is poisonous and bitter."

이방인의 신전 흠정영역성서(1708년, 런던)

신명기 Deuteronomy 32:2

"나의 가르침은 비처럼 내리고 나의 말은 이슬처럼 맺히리라. 푸른 들에 내리는 가랑비 같고 풀밭에 내리는 소나기 같으리라."

"May my teaching fall like the rain, may my word drop down like the dew, like showers on fresh grass and light rain on the turf."

비처럼 내리는 가르침 흠정영역성서(1708년, 런던)

신명기 Deuteronomy 32:11-12

"독수리가 보금자리를 휘저으며 새끼들 위를 맴돌다가 날개를 펴서 새끼들을 들어 올려 깃털 위에 얹어 나르듯 주님 홀로 그를 인도하시고 그 곁에 낯선 신은 하나도 없었다."

"Like an eagle watching its nest, hovering over its young, he spreads out his wings to hold him, he supports him on his pinions. Yahweh alone is his guide, with him is no alien god."

주님의 인도하심 흠정영역성서(1708년, 런던)

신명기 Deuteronomy 32:14

"엉긴 소젖과 양의 젖을 어린 양들의 굳기름과 함께 먹게 하시고 바산의 숫양과 염소들을 기름진 밀과 함께 먹게 하셨다. 그리고 너희는 붉은 포도로 빚은 술을 마셨다."

"Yahweh gives him curds from the cattle, milk from the flock, with rich food of the pastures, rams of Bashan's breed, and goats, rich food of the wheat's ear, and blood of the fermenting grape for drink."

주님께서 기르시다　　　　흠정영역성서(1708년, 런던)

신명기 Deuteronomy 32:15

“여수룬은 살이 찌더니 불평을 늘어놓았다. 살이 찌고 몸이 불어나 기름기가 흐르더니 자기를 만드신 하느님을 저버리고 제 구원의 바위이신 분을 업신여겼다.”

“Jacob ate and had his fill, Jeshurun grew fat, turned restive. (You grew fat, gross, bloated.) He disowned the God who made him, dishonored the Rock, his salvation.”

오만한 부자들 흠정영역성서(1708년, 런던)

신명기 Deuteronomy 32:33, 35

"그들의 포도주는 뱀의 독, 독사의 무서운 독이다. 그들의 발이 비틀거릴 때 복수와 보복은 내가 할 일, 멸망의 날이 가까웠고 그들의 재난이 재빨리 다가온다."

"Their wine is the poison of serpents, the vipers' cruel venom. Vengeance is mine, and requital, for the time when they make a false step. For it is close, the day of their ruin; their doom comes at speed."

죄인의 처벌　　　　　흠정영역성서(1708년, 런던)

신명기 Deuteronomy 32:37

주님께서 말씀하시리라. "그들의 신들은 어디 있느냐? 그들이 피신처로 삼던 바위는 어디 있느냐? 그들이 바친 희생 제물의 굳기름을 먹고 그들이 따라 바친 제주를 마시던 것들이 아니냐? 그것들에게 일어나 너희를 도와 달라고, 너희의 피난처가 되어 달라고 하여라."

"Where are their gods? he will ask then, the rock where they thought to take refuge, who ate the fat of their sacrifices and drank the wine of their libations? Let these arise and help you, let these be the shelter above you!"

포도를 먹는 사람들　　　　흠정영역성서(1708년, 런던)

신명기 Deuteronomy 33; 17

"그는 맏이로 난 소, 그에게 영예가 있어라. 그의 뿔은 들소의 뿔. 그 뿔로 민족들을 땅 끝까지 모두 들이받으리라."

"First-born of the bull, his the glory. His horns are the wild ox's horns, with them he tosses the peoples to the very end of the earth."

요셉은 맏이로 난 소　　　흠정영역성서(1708년, 런던)

신명기 Deuteronomy 33:19

"그들은 민족들을 산으로 불러 모아 거기에서 의로운 희생 제물을 바치리니 바다의 풍요와 모래 속에 감추어진 보화를 누리기 때문이다."

"On the mountain where the people come to pray they offer sacrifices for success, for they taste the riches of the seas, and the treasures hidden in the sands."

즈불룬은 모래 속의 보화 흠정영역성서(1708년, 런던)

신명기 Deuteronomy 33:24-25

"아들 가운데서 가장 큰 복을 받은 아세르, 그는 형제들이 가장 좋아하는 이가 되어 발을 기름에 담그리라. 너의 빗장은 쇠와 구리, 너는 한평생 평안하리라."

아세르의 빗장은 쇠와 구리 　　　　흠정영역성서(1708년, 런던)

Deuteronomy 33:24-25

"Most blessed of the sons may Asher be! Let him be privileged among his brothers and bathe his feet in oil! Be your bolts of iron and bronze and your security as lasting as your days!"

대장장이 마르탱 프레미네 작

신명기 Deuteronomy 34:5-6, 10

주님의 종 모세는 주님의 말씀대로 그곳 모압 땅에서 죽었다. 그분께서 그를 모압 땅 벳 프오르 맞은쪽 골짜기에 묻히게 하셨는데, 오늘날까지 아무도 그가 묻힌 곳을 알지 못한다. 이스라엘에는 모세와 같은 예언자가 다시는 일어나지 않았다. 그는 주님께서 얼굴을 마주 보고 사귀시던 사람이다.

모세의 죽음 율리우스 슈노르 폰 카롤스펠트 작

Deuteronomy 34: 5-6, 10

There in the land of Moab, Moses the servant of Yahweh died as Yahweh decreed; he buried him in the valley, in the land of Moab, opposite Beth-peor; but to this day no one has ever found his grave. Since then, never has there been such a prophet in Israel as Moses, the man Yahweh knew face to face.

모세 미켈란젤로 작

여호수아
The Book of Joshua

여호수아 Joshua 2:1-2

눈의 아들 여호수아가 시팀에서 정탐꾼 두 사람을 몰래 보내며, "가서 저 땅과 예리코를 살펴보아라." 하고 말하였다. 그들은 길을 떠나 라합이라고 하는 창녀의 집에 들어가 거기에서 묵었다.

Joshua son of Nun sent out two spies secretly from Shittim. He said, "Go out and explore the country at Jericho." They went, and they entered the house of a harlot called Rahab; there they lodged.

정탐꾼들　　흠정영역성서(1708년, 런던)

여호수아 Joshua 2:8-9

정탐꾼들이 자리에 눕기 전에, 라합은 옥상에 있는 그들에게 올라갔다. 그리고 그 사람들에게 말하였다. "이 땅의 주민들이 모두 당신들 때문에 두려움에 떨고 있습니다."

The others had not yet lain down when Rahab came up to them on the roof. She said to them, "I know that all who live in this territory have been seized with terror at your approach."

두려워하는 예리코 주민들　　　흠정영역성서(1708년, 런던)

여호수아 3:16-17

위에서 내려오던 물이 멈추어 섰다. 아주 멀리 차르탄 곁에 있는 성읍 아담에 둑이 생겨, 아라바 바다, 곧 '소금 바다'로 내려가던 물이 완전히 끊어진 것이다. 그래서 백성은 예리코 맞은쪽으로 건너갔다. 주님의 계약 궤를 멘 사제들이 요르단 강 한복판 마른 땅에 움직이지 않고 서 있는 동안, 온 이스라엘이 마른 땅을 밟고 건너서, 마침내 온 겨레가 다 건너간 것이다.

요르단을 건너가다　　　　흠정영역성서(1708년, 런던)

Joshua 3:16-17

The upper waters stood still and made one heap over a wide space—from Adam to the fortress of Zarethan—while those flowing down to the Sea of the Arabah, that is, the Salt Sea, stopped running altogether. The people crossed opposite Jericho. The priests who carried the ark of the covenant of Yahweh stood still on dry ground in mid-Jordan, and all Israel continued to cross dry-shod till the whole nation had finished its crossing of the river.

계약 궤를 멘 사제들 율리우스 슈노르 폰 카롤스펠트 작

여호수아 Joshua 5:2-3

그때에 주님께서 여호수아에게 말씀하셨다. "돌칼을 만들어 이스라엘 자손들에게 다시 두 번째로 할례를 베풀어라." 그래서 여호수아는 돌칼을 만들어, 아랄롯 언덕에서 이스라엘 자손들에게 할례를 베풀었다.

At this time Yahweh said to Joshua, "Make knives of flint and circumcise the Israelites again." Joshua made knives of flint and circumcised the Israelites on the Hill of Foreskins.

할례　　흠정영역성서(1708년, 런던)

여호수아 Joshua 5:14

그가 대답하였다. "아니다. 나는 지금 주님 군대의 장수로서 왔다." 그러자 여호수아는 얼굴을 땅에 대고 엎드려 절하며 그에게 물었다. "나리, 이 종에게 무슨 분부를 내리시렵니까?"
He answered, "No, I am captain of the army of Yahweh, and now I come." Joshua fell on his face to the ground and worshiped him and said, "What are my Lord's commands to his servant?"

여호수아에게 나타난 천사 구스타프 도레 작

여호수아 6:20-21

백성은 뿔 나팔 소리를 듣자마자 큰 함성을 질렀다. 그때에 성벽이 무너져 내렸다. 백성은 저마다 성읍을 향하여 곧장 앞으로 올라가서 그 성읍을 함락하였다. 그리고 남자와 여자, 어른과 아이, 소와 양과 나귀 할 것 없이, 성읍 안에 있는 모든 것을 칼로 쳐서 완전 봉헌물로 바쳤다.

예리코 성벽의 붕괴 흠정영역성서(1708년, 런던)

Joshua 6:20-21

When they heard the sound of the trumpet, the people raised a mighty war cry and the wall collapsed then and there. At once the people stormed the town, every man going straight ahead; and they captured the town. They enforced the ban on everything in the town: men and women, young and old, even oxen and sheep and donkeys, massacring them all.

예리코 성벽의 붕괴 율리우스 슈노르 폰 카롤스펠트 작

여호수아 Joshua 6:20-21

무너져 내리는 예리코 성벽 구스타프 도레 작

여호수아 Joshua 6:25

여호수아는 창녀 라합과 그의 아버지 집안과 그 여자에게 딸린 모든 이를 살려 주었다. 그래서 그 여자는 오늘날까지 이스라엘 백성 가운데서 살고 있다.
But Rahab the harlot, her father's household and all who belonged to her, these Joshua spared. She has dwelt among Israel until now.

라합을 살려주는 여호수아 　　　　　　　　　　　　　　구스타프 도레 작

여호수아 Joshua 7:25

여호수아가 말하였다. "네가 어찌하여 우리를 불행에 빠뜨렸느냐? 오늘 주님께서 너를 불행에 빠뜨리실 것이다." 그러자 온 이스라엘이 그에게 돌을 던져 죽이고, 나머지 것은 불에 태우고 나서 그 위로 돌을 던졌다.

Joshua said, "Why did you bring evil on us? May Yahweh bring evil on you today!" And all Israel stoned him.

아칸이 처형되다 구스타프 도레 작

여호수아 Joshua 8:24, 28

온 이스라엘은 아이로 돌아가서 그 성읍 백성을 칼로 쳐 죽였다. 여호수아는 아이를 불태워 영원한 폐허 더미로 만들었는데, 오늘날까지도 그대로 남아 있다.
All Israel returned to Ai and slaughtered all its people. Then Joshua burned Ai, making it a ruin for evermore, a desolate place even today.

아이 성읍을 불태우는 여호수아 구스타프 도레 작

여호수아 10:11

그들이 이스라엘을 피하여 벳 호론 내리막길로 도망칠 때, 주님께서 아제카에 이르기까지 하늘에서 큰 우박을 쏟아 부어 그들을 죽게 하셨다. 그래서 많은 사람이 죽었다. 우박으로 죽은 자가 이스라엘 자손들의 칼에 맞아 죽은 자보다 더 많았다.

큰 우박덩이 흠정영역성서(1708년, 런던)

Joshua 10:11

And as they fled from Israel down the descent of Beth-horon, Yahweh hurled huge hailstones from heaven on them all the way to Azekah, which killed them. More of them died under the hailstones than at the edges of Israel's sword.

아모리 족 군대의 파멸 구스타프 도레 작

여호수아 10:12-13

주님께서 아모리족을 이스라엘 자손들 앞으로 넘겨주시던 날, 여호수아가 주님께 아뢰었다. 그는 이스라엘이 보는 앞에서 외쳤다. "해야, 기브온 위에, 달아, 아얄론 골짜기 위에 그대로 서 있어라." 그러자 백성이 원수들에게 복수할 때까지 해가 그대로 서 있고 달이 멈추어 있었다. 이 사실은 야사르의 책에 쓰여 있지 않은가?

해와 달이 멈추다 흠정영역성서(1708년, 런던)

Joshua 10:12-13

Then Joshua spoke to Yahweh, the same day that Yahweh delivered the Amorites to the Israelites. Joshua declaimed: "Sun, stand still over Gibeon, and, moon, you also over the Vale of Aijalon." And the sun stood still, and the moon halted, till the people had vengeance on their enemies. Is this not written in the Book of the Just?

해를 멈추게 하는 여호수아 구스타프 도레 작

여호수아 Joshua 10:12-13

정지한 해와 달 율리우스 슈노르 폰 카롤스펠트 작

여호수아 Joshua 18:8

이 땅의 지도를 그리려고 길을 떠나는 이들에게 여호수아가 명령하였다. "가서 더 땅을 두루 돌아다니며 지도를 그려 나에게 돌아오너라. 그러면 내가 여기 실로에서, 너희를 위하여 주님 앞에서 제비를 뽑아 몫을 정하겠다."

To those who were to survey the country Joshua gave this order: "Off you go, survey and map the whole country, and then come back here to me; I shall cast lots for you before Yahweh at Shiloh."

정복된 땅의 지도 흠정영역성서(1708년, 런던)

여호수아 Joshua 21:43

주님께서는 이렇게 이스라엘 백성의 조상들에게 주시겠다고 맹세하신 모든 땅을 그들에게 주셨다. 그래서 그들은 이 땅을 차지하여 살게 되었다.

So it was that Yahweh gave the Israelites all the land he had sworn to give their fathers. They took possession of it and settled there.

토지의 분배 율리우스 슈노르 폰 카롤스펠트 작

여호수아 Joshua 24:32

이스라엘 자손들은 이집트에서 가지고 올라온 요셉의 유골을 스켐에, 야곱이 스켐의 아버지 하모르의 아들들에게 돈 백 닢을 주고 산 밭에 묻었다. 그곳은 요셉의 자손들의 상속 재산이 된 곳이다.

The bones of Joseph, which the sons of Israel had brought from Egypt, were buried at Shechem in the portion of ground that Jacob had bought for a hundred pieces of money from the sons of Hamor, the father of Shechem, which had become the inheritance of the sons of Joseph.

요셉의 무덤

판관기
The Book of Judges

판관기 Judges 1:16

모세의 장인은 카인족이었는데, 그의 자손들이 유다의 자손들과 함께 "야자나무 성읍"에서 아랏 남쪽에 있는 유다 광야로 올라갔다.

The sons of Hobab the Kenite, father-in-law of Moses, went up with the sons of Judah from the city of palms into the wilderness in the Negeb of Judah at the Ascent of Arad.

야자나무 흠정영역성서(1708년, 런던)

판관기 4:21

그러나 헤벨의 아내 야엘은 천막 말뚝을 가져와서 망치를 손에 들고 몰래 안으로 들어가, 말뚝이 땅에 꽂히도록 그의 관자놀이에 들이박았다. 시스라는 지쳐서 깊이 잠들었다가 이렇게 죽었다.

야엘과 시스라 구스타프 도레 작

Judges 4:21

But Jael the wife of Heber took a tent peg, and picked up a mallet; she crept up softly to him and drove the peg into his temple right through to the ground. He was lying fast asleep, worn out; and so he died.

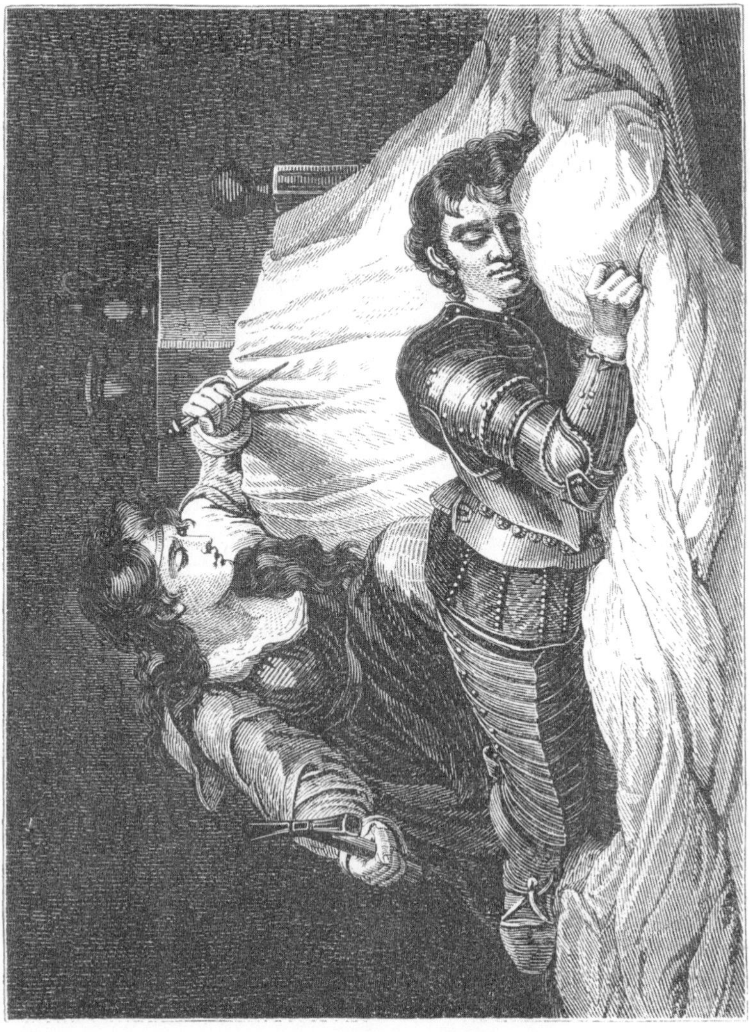

야엘과 시스라 제임스 노스코트 작

판관기 Judges 4:21

시스라를 죽이는 야엘 1657–60년경, 렘브란트 작

판관기 Judges 5:1-2

그날 드보라는 아비노암의 아들 바락과 함께 이렇게 노래하였다. "이스라엘에서 지도자들은 지휘하고 백성은 자원하여 나서니 주님을 찬미하여라."

They sang a song that day, Deborah and Barak son of Abinoam, and the words were: "That warriors in Israel unbound their hair, that the people came forward with a will, for this, bless Yahweh! "

드보라의 승리의 노래 구스타프 도레 작

판관기 Judges 5:31

"주님, 당신의 원수들은 모두 이렇게 망하고 당신을 사랑하는 이들은 힘차게 떠오르는 해처럼 되게 하여 주십시오."

"So perish all your enemies, Yahweh! And let those who love you be like the sun when he arises in all his strength!"

떠 오르는 해 흠정영역성서(1708년, 런던)

판관기 6:21, 24

주님의 천사가 손에 든 지팡이를 내밀어, 그 끝을 고기와 누룩 없는 빵에 대었다. 그러자 그 큰 돌에서 불이 나와 고기와 누룩 없는 빵을 삼켜 버렸다. 그리고 주님의 천사는 그의 눈에서 사라졌다. 그래서 기드온은 그곳에 주님을 위하여 제단을 쌓고, 그 이름을 "주님의 평화" 라고 하였다.

천사의 지팡이 흠정영역성서(1708년, 런던)

Judges 6:21, 24

Then the angel of Yahweh reached out the tip of the staff in his hand and touched the meat and the unleavened cakes. Fire sprang from the rock and consumed the meat and the unleavened cakes and the angel of Yahweh vanished before his eyes. Gideon built an altar there to Yahweh and called it Yahweh-Peace.

기드온이 부르심을 받다 율리우스 슈노르 폰 카롤스펠트 작

판관기 Judges 6:31

그러자 요아스가 둘레에 선 모든 이에게 말하였다."바알을 옹호하는 자는 내일 아침까지 죽음을 면치 못할 것이오. 자기 제단이 헐렸으니, 바알이 신이라면 자신을 직접 옹호해 보라고 하시오."

Joshua answered all those mustered around him, "(Let anyone who pleads for Baal be put to death before dawn.) If he is a god, let him plead for himself, now that Gideon has destroyed his altar."

바알 신 사제들의 처형 마르틴 헤임스케르크 작

판관기 Judges 6:39

기드온이 다시 하느님께 아뢰었다. "이 양털 뭉치로 한번만 더 시험해 보게 해 주십시오. 이 뭉치만 말라 있고 다른 땅에는 이슬이 내리게 해 주십시오."
Then Gideon spoke to God again, "Let me make trial with the fleece just once more. Let the fleece alone be dry, and let there be dew on the ground all around it."

부르심의 확인　　　　흠정영역성서(1708년, 런던)

판관기 Judges 7:4

주님께서 또 기드온에게 말씀하셨다. "군사들이 아직도 너무 많다. 그들을 물가로 데리고 내려가거라. 거기에서 내가 너를 도와 그들을 시험하겠다."

Yahweh said to Gideon, "There are still too many people. Take them down to the waterside and I will sift them there."

정예 군사들의 선발 구스타프 도레 작

판관기 7:20, 22

세 부대가 모두 나팔을 불며 단지를 깼다. 그리고 왼손에는 횃불을 들고 오른손에는 나팔을 들고 불면서, "주님과 기드온을 위한 칼이다!" 하고 소리쳤다. 삼백 명이 나팔을 부는 동안에, 주님께서는 온 진영에서 적들이 저희들끼리 서로 칼을 들이밀게 하셨다.

야간기습 구스타프 도레 작

Judges 7:20, 22

The three companies sounded their horns and smashed their pitchers; with their left hands they grasped the torches, with their right hands the horns ready to blow; and they shouted, "For Yahweh and for Gideon!" While the three hundred kept sounding their horns, Yahweh made every man in the camp turn his sword against his comrade.

미디안 군대를 격파하다 율리우스 슈노르 폰 카롤스펠트 작

판관기 Judges 8:16-17

기드온은 그 성읍의 원로들을 체포한 다음, 광야 가시와 엉겅퀴를 가져다가 그 것들로 그 수콧 사람들을 도리깨질하였다. 또 프누엘의 탑을 헐어 버리고 그 성읍 사람들도 죽였다.

Then he seized the elders of the city, and took desert thorn and briar and tore the men of Succoth with them. He destroyed the tower of Penuel and slaughtered the townsmen.

원수들의 징벌 흠정영역성서(1708년, 런던)

판관기 Judges 9:5

그러고 나서 그는 오프라에 있는 아버지 집으로 가서 자기 형제들, 곧 여루빠알의 아들 일흔 명을 한 바위 위에서 살해하였다. 여루빠알의 막내아들 요탐만이 숨어 있었으므로 살아남았다.

Then he went to his father's house at Ophrah and murdered his brothers, the seventy sons of Jerubbaal, on the selfsame stone. Only the youngest son of Jerubbaal escaped, for he had gone into hiding: this was Jotham.

기드온의 아들들의 죽음 구스타프 도레 작

판관기 Judges 9:7

사람들이 이 소식을 요탐에게 전하자, 그는 그리짐 산꼭대기에 가 서서 큰 소리로 이렇게 외쳤다. "스켐의 지주들이여, 내 말을 들으시오. 그래야 하느님께서도 그대들의 말을 들어 주실 것이오."

News of this was brought to Jotham. He came and stood on the top of Mount Gerizim and shouted aloud for them to hear: "Hear me, leaders of Shechem, that God may also hear you!"

요탐의 외침 흠정영역성서(1708년, 런던)

판관기 Judges 9:15

가시나무가 다른 나무들에게 대답하였네. "너희가 진실로 나에게 기름을 부어 나를 너희 임금으로 세우려 한다면 와서 내 그늘 아래에 몸을 피하여라. 그러지 않으면 이 가시나무에서 불이 터져 나가 레바논의 향백나무들을 삼켜 버리리라."

And the thorn bush answered the trees, "If in all good faith you anoint me king to reign over you, then come and shelter in my shade. If not, fire will come from the thorn bush and devour the cedars of Lebanon."

가시나무 흠정영역성서(1708년, 런던)

판관기 Judges 9:52

아비멜렉이 그 탑으로 가서 공격하는데, 탑 어귀까지 다가가서 불을 질러 태우려고 하였다. 그때에 어떤 여자가 맷돌 위짝을 아비멜렉의 머리 위로 던져 그의 두개골을 부수어 버렸다.

Abimelech reached the tower and attacked it. As he was approaching the door of the tower to set it on fire, a woman threw down a millstone on his head and crushed his skull.

아비멜렉 왕의 최후 구스타프 도레 작

판관기 11:30-31

그때에 입타는 주님께 서원을 하였다. "당신께서 암몬 자손들을 제 손에 넘겨만 주신다면, 제가 암몬 자손들을 이기고 무사히 돌아갈 때, 저를 맞으러 제 집 문을 처음 나오는 사람은 주님의 것이 될 것입니다. 그 사람을 제가 번제물로 바치겠습니다."

마중하러 나온 입타의 딸 율리우스 슈노르 폰 카롤스펠트 작

Judges 11:30-31

And Jephthah made a vow to Yahweh, “If you deliver the Ammonites into my hands, then the first person to meet me from the door of my house when I return in triumph from fighting the Ammonites shall belong to Yahweh, and I will offer him up as a holocaust.”

마중하러 나온 입타의 딸 구스타프 도레 작

판관기 Judges 11:39-40

두 달 뒤에 딸이 아버지에게 돌아오자, 아버지는 주님께 서원한 대로 딸을 바쳤다. 그 딸은 남자를 안 일이 없었다. 이로부터 이스라엘에 한 가지 관습이 생겼다. 해마다 이스라엘의 딸들이 집을 떠나, 길앗 사람 입타의 딸을 생각하여 나흘 동안 애곡하는 것이다.

When the two months were over, she returned to her father, and he treated her as the vow that he had uttered bound him. She had never known a man. From this comes this custom in Israel for the daughters of Israel to leave home every year and to lament the daughter of Jephthah the Gileadite for four days every year.

입타의 딸을 애도하다 　　　　　　　　　　구스타프 도레 작

판관기 Judges 13:3, 5

“보라, 너는 임신할 수 없는 몸이어서 자식을 낳지 못하였지만, 이제 잉태하여 아들을 낳을 것이다. 그가 이스라엘을 필리스티아인들의 손에서 구원해 내기 시작할 것이다.”

“You are barren and have had no child, but you will conceive and bear a son. It is he who will begin to rescue Israel from the power of the Philistines.”

삼손의 출생을 예고하는 천사 1637–40년경, 렘브란트 작

판관기 14:5

그리하여 삼손은 아버지와 어머니와 함께 팀나로 내려갔다. 그런데 팀나의 포도밭에 다다랐을 때, 힘센 사자 한 마리가 그에게 으르렁거리는 것이었다.

사자를 만난 삼손 구스타프 도레 작

Judges 14:5

Samson went down to Timnah, and as he reached the vineyards of Timnah he saw a young lion coming roaring toward him.

삼손과 사자 파블로 데 세스페데스 작

판관기 14:6

그 때에 주님의 영이 삼손에게 들이닥쳤으므로, 삼손은 손에 아무 것도 가지지 않은 채, 새끼 염소를 찢듯이 그 사자를 찢어 죽였다. 그러나 그는 자기가 한 일을 아버지와 어머니에게 알리지 않았다.

사자와 싸우는 삼손

흠정영역성서(1708년, 런던)

Judges 14:6

The spirit of Yahweh seized on him, and though he had no weapon in his hand he tore the lion in pieces as a man tears a kid; but he did not tell his father or mother what he had done.

사자를 죽이는 삼손 구스타프 도레 작

판관기 Judges 14:6

삼손의 영웅적 행동 율리우스 슈노르 폰 카롤스펠트 작

판관기 Judges 14:6

삼손과 사자

판관기 Judges 14:6

사자와 싸우는 삼손 알브레히트 뒤러 작

판관기 Judges 14:8

얼마 뒤에 삼손이 그 여자를 아내로 맞아들이러 다시 그곳으로 가다가 길을 벗어나, 죽은 사자가 있는 곳으로 가 보았더니, 그 사자 시체에 벌 떼가 모여 있는데 꿀도 고여 있었다.

Not long after this, Samson came back to marry her. He went out of his way to look at the carcass of the lion, and there was a swarm of bees in the lion's body, and the honey.

사자의 시체 흠정영역성서(1708년, 런던)

판관기 Judges 14:18

이레째 되는 날 해가 지기 전에 그 성읍 사람들이 그에게 말하였다. "무엇이 꿀보다 더 달며 무엇이 사자보다 더 강하랴?" 그러자 삼손이 그들에게 대답하였다. "그대들이 내 암송아지로 밭을 갈지 않았더라면 내 수수께끼의 답을 찾지 못하였을 것이오."

So on the seventh day, before Samson entered the bridal room, the men of the town said to him: "What is sweeter than honey and what stronger than a lion?" He retorted, "If you had not plowed with my heifer, you would never have guessed my riddle."

삼손의 수수께끼 흠정영역성서(1708년, 런던)

판관기 Judges 15:5

이어서 홰에 불을 붙여 여우들을 필리스티아인들의 곡식밭으로 내보냈다. 이렇게 하여 그는 곡식 가리뿐 아니라, 베지 않은 곡식과 포도밭과 올리브 나무까지 태워 버렸다.

He lit the torches and set the foxes free in the Philistines' cornfield. In this way he burned both sheaves and standing corn, and the vines and olive trees as well.

불타는 곡식 밭 흠정영역성서(1708년, 런던)

판관기 Judges 15:14

그때에 주님의 영이 삼손에게 들이닥쳤다. 그러자 그의 팔을 동여맨 밧줄들이 불에 탄 아마포처럼 되었다. 그래서 그를 묶은 그 포승이 녹아내리듯 그의 손에서 떨어져 나갔다.

The spirit of Yahweh seized on Samson; the ropes on his arms became like burnt strands of flax and the bonds melted off his hands.

묶은 줄을 끊는 삼손 　　　　　 흠정영역성서(1708년, 런던)

판관기 15:15

삼손은 싱싱한 당나귀 턱뼈 하나를 발견하고 손을 내밀어 그것을 잡아, 그 턱뼈로 천 명을 죽였다.

당나귀의 턱뼈 흠정영역성서(1708년, 런던)

Judges 15:15

Catching sight of the fresh jawbone of a donkey, he reached out and snatched it up; then with it he struck down a thousand men.

필리스티아인들을 무찌르는 삼손　　　　구스타프 도레 작

판관기 Judges 15:15

삼손의 승리

프랑수아 베르디에 작

판관기 16:3

삼손은 한밤중까지 자리에 누워 있었다. 그러다가 그는 한밤중에 일어나 성문의 두 문짝과 양쪽 문설주를 잡고 빗장째 뽑아 어깨에 메고서는, 헤브론 맞은쪽 산꼭대기로 올라가 버렸다.

성 문짝을 운반하는 삼손 흠정영역성서(1708년, 런던)

Judges 16:3

Samson however stayed in bed till midnight, and rising at midnight, he seized the doors of the town gate and the two posts as well; he tore them up, bar and all, hoisted them on to his shoulders and carried them to the top of the hill facing Hebron and there he left them.

가자 성 문짝을 나르는 삼손 구스타프 도레 작

판관기 16:4-5

이러한 일이 있고 난 뒤, 삼손은 소렉 골짜기에 사는 한 여자를 사랑하게 되었다. 그 여자의 이름은 들릴라였다. 필리스티아 제후들이 그 여자에게 올라가서 말하였다. "삼손을 구슬러 그의 큰 힘이 어디에서 나오는지, 우리가 어떻게 하면 그를 잡아 묶어서 꼼짝 못하게 할 수 있는지 알아내어라. 그러면 우리가 저마다 너에게 은 천백 세켈씩 주겠다."

삼손과 들릴라　　구스타프 도레 작

Judges 16:4-5

After this, Samson fell in love with a woman in the Vale of Sorek; she was called Delilah. The chiefs of Philistines visited her and said to her, "Cajole him and find out where his great strength comes from, and how we can master him and bind him and reduce him to helplessness. In return we will each give you eleven hundred shekels."

삼손과 들릴라 아드리엔 반 데르 베르프 작

판관기 16:16-17

이런 말로 들릴라가 날마다 들볶고 조르는 바람에 삼손은 지겨워서 죽을 지경이 되었다. 그래서 삼손은 자기 속을 털어 놓고 말았다. "내 머리털을 깎아 버리면 내 힘이 빠져 나갈 것이오. 그러면 내가 약해져서 다른 사람처럼 된다오."

삼손의 머리카락을 자르는 들릴라 알브레히트 뒤러 작

Judges 16:16-17

And day after day she persisted with her questions, and allowed him no rest, till he grew tired to death of it. At last he told her his whole secret; he said to her, "If my head were shorn, then my power would leave me and I should lose my strength and become like any other man."

삼손이 잡히다 율리우스 슈노르 폰 카롤스펠트 작

판관기 Judges 16:16-17

삼손이 잡히다 바사리 작

판관기 Judges 16:28

그때에 삼손이 주님께 부르짖었다. "주 하느님, 저를 기억해 주십시오. 이번 한 번만 저에게 다시 힘을 주십시오. 하느님, 이 한 번으로 필리스티아인들에게 저의 두 눈에 대한 복수를 하게 해 주십시오."
Samson called on Yahweh and cried out, "Lord Yahweh, I beg you, remember me; give me strength again this once, and let me be revenged on the Philistines at one blow for my two eyes."

삼손의 복수 구스타프 도레 작

판관기 16:30

그리고 삼손이 "필리스티아인들과 함께 죽게 해 주십시오." 하면서 힘을 다하여 밀어내니, 그 집이 그 안에 있는 제후들과 온 백성 위로 무너져 내렸다. 그리하여 삼손이 죽으면서 죽인 사람이, 그가 사는 동안에 죽인 사람보다 더 많았다.

삼손의 최후 흠정영역성서(1708년, 런던)

Judges 16:30

And he cried out, “May I die with the Philistines!” He thrust now with all his might, and the building fell on the chiefs and on the people there. Those he killed at his death outnumbered those he killed in his life.

삼손의 최후 구스타프 도레 작

판관기 Judges 16:30

삼손의 최후

판관기 Judges 19:21

그리하여 노인은 그를 자기 집으로 데리고 들어갔다. 나귀에게는 먹이를 주고 길손들에게는 발을 씻게 해 준 다음, 함께 먹고 마셨다.

So he took him into his house and gave the donkeys provender. The travelers washed their feet, then ate and drank.

레위 사람을 대접하는 노인

렘브란트 작, 1645년경

판관기 Judges 19:25

그러나 그 남자들은 그의 말을 들으려 하지 않았다. 그러자 안에 있던 그 사람이 자기 소실을 붙잡아 밖에 있는 그들에게 내보냈다. 그들은 아침이 될 때까지 밤새도록 그 여자와 관계하며 능욕하였다.

The men would not listen to him. So the Levite took his concubine and brought her out to them. They had intercourse with her and outraged her all night till morning.

레위 사람 소실의 죽음 구스타프 도레 작

판관기 Judges 19:28

그가 "일어나구려. 길을 떠나야지." 하고 말하였다. 그러나 대답이 없었다. 그는 그 여자를 들어 나귀에 얹고서는 길을 출발하여 제고장으로 갔다.

He said to her, "Stand up; we must go." There was no answer. Then he laid her across his donkey and began the journey home.

소실의 시체를 싣고 떠나는 레위 사람　　구스타프 도레 작

판관기 21:20-21

그래서 그들은 벤야민의 자손들에게 명령하였다. "가서 포도밭에 숨어 살피다가 실로의 젊은 여자들이 윤무를 추러 나오거든, 그대들도 포도밭에서 나와 그 실로 처녀들 가운데에서 한 사람에 여자 하나씩 잡아 벤야민 땅으로 돌아가시오."

처녀들을 약탈하는 벤야민 사람들　　구스타프 도레 작

Judges 21:20-21

So they gave this advice to the Benjaminites, “Place yourselves in ambush in the vineyards. Keep watch there, and when the daughters of Shiloh come out to dance in groups together, you too come out of the vineyards: seize a wife, each one of you, from the daughters of Shiloh and make for the land of Benjamin.”

로마인들의 사비느족 여인들 약탈 안드레아 안드레아니 작

판관기 Judges 21:20-21

납치되는 사비느족 여인들

룻기
The Book of Ruth

룻기 Ruth 1:16

그러자 룻이 말하였다. "어머님의 겨레가 저의 겨레요 어머님의 하느님이 제 하느님이십니다."

But Ruth said, "Your people shall be my people, and your God, my God."

나오미와 룻 구스타프 도레 작

룻기 Ruth 1:22

이렇게 하여 나오미는 모압 출신 며느리 룻과 함께 모압 지방에서 돌아왔다. 그들이 베들레헴에 도착한 것은 보리 수확이 시작될 무렵이었다.

This is how Naomi, she who returned from the country of Moab, came back with Ruth the Moabitess her daughter-in-law. And they came to Bethlehem at the beginning of the barley harvest.

나오미와 함께 베들레헴으로 가는 룻 율리우스 슈노르 폰 카롤스펠트 작

룻기 2:1, 3

나오미에게는 남편 쪽으로 친족이 한 사람 있었다. 그는 엘리멜렉 가문으로 재산가였는데 이름은 보아즈였다. 그래서 룻은 들로 나가 수확꾼들 뒤를 따르며 이삭을 줍는데, 우연히 엘리멜렉 가문인 보아즈의 밭에 이르게 되었다.

보아즈의 밭에서 이삭 줍는 룻 율리우스 슈노르 폰 카롤스펠트 작

Ruth 2:1, 3

Now Naomi had a kinsman on her husband's side, well-to-do and of Elimelech's clan. His name was Boaz. So she set out and went to glean in the fields after the reapers. And it chanced that she came to that part of the fields which belonged to Boaz of Elimelech's clan.

보아즈와 룻 구스타프 도레 작

보아즈와 룻

1638년경, 렘브란트 작

룻기 Ruth 2:1, 3

이삭줍기

루드비히 리히터 작

곡식 단을 묶는 여인 루드비히 리히터 작

룻기 Ruth 3:15

그때에 보아즈가 "네가 쓴 너울을 이리 내어 붙잡고 있어라." 하고 말하였다. 룻이 그것을 붙잡자 그는 보리 여섯 되를 퍼서 거기에 담아 주고 마을로 돌아갔다.
Then he said to her, "Bring the cloak you are wearing and hold it out." She held it out while he put six measures of barley into it and then gave it to her to carry. And she went into the town.

룻에게 보리를 주는 보아즈 1648–50년경, 렘브란트 작

룻기 Ruth 4:11

그러자 성문에 있던 온 백성과 원로들이 말하였다. "우리가 증인이오. 주님께서 그대 집에 들어가는 그 여인을, 둘이서 함께 이스라엘을 세운 라헬과 레아처럼 되게 해 주시기를 기원하오. 그리고 그대가 에프라타에서 번성하고 베들레헴에서 이름을 떨치기를 비오."

All the people at the gate said, "We are witnesses"; and the elders said, "May Yahweh make the woman who is to enter your House like Rachel and Leah who together built up the House of Israel. Grow mighty in Ephrathah, be renowned in Bethlehem."

행복한 사랑 　　　　파올로 베로네세 작

룻기 4:17

이웃 아낙네들은 그 아기의 이름을 부르며, "나오미가 아들을 보았네." 하고 말하였다. 그의 이름은 오벳이라 하였는데, 그가 다윗의 아버지인 이사이의 아버지다.

다윗과 다니엘

Ruth 4:17

And the women of the neighborhood gave him a name. "A son has been born for Naomi," they said; and they named him Obed. This was the father of David's father, Jesse.

다윗 왕

사무엘기 상권
The First Book of Samuel

1 사무엘 1 Samuel 1:10-11

"만군의 주님, 이 여종의 가련한 모습을 눈여겨보시고 저를 기억하신다면, 그리하여 당신 여종을 잊지 않으시고 당신 여종에게 아들 하나만 허락해 주신다면, 그 아이를 한평생 주님께 바치고 그 아이의 머리에 면도칼을 대지 않겠습니다."

"Yahweh Sabaoth! If you will take notice of the distress of your servant, and bear me in mind and not forget your servant and give her a man-child, I will give him to Yahweh for the whole of his life and no razor shall ever touch his head."

한나의 기도 율리우스 슈노르 폰 카롤스펠트 작

1 사무엘 1 Samuel 2:7-8

"주님은 가난하게도 가멸게도 하시는 분, 낮추기도 높이기도 하신다. 가난한 이를 먼지에서 일으키시고 궁핍한 이를 거름 더미에서 일으키시어 귀인들과 한 자리에 앉히시며 영광스러운 자리를 차지하게 하신다."

"Yahweh makes poor and rich, he humbles and also exalts. He raises the poor from the dust, he lifts the needy from the dunghill to give them a place with princes, and to assign them a seat of honor."

먼지에서 일으키시다 흠정영역성서(1708년, 런던)

1 사무엘 1 Samuel 2:12

엘리의 아들들은 불량한 자들로서 주님을 알아 모시지 않았고 백성과 관련된 사제들의 규정도 무시하였다.

Now the sons of Eli were scoundrels; they cared nothing for Yahweh nor for the rights of the priests as regards the people.

사제 엘리의 아들들

1 사무엘 1 Samuel 3:10

주님께서 찾아와 서시어, 아까처럼 "사무엘아, 사무엘아!" 하고 부르셨다. 사무엘은 "말씀하십시오. 당신 종이 듣고 있습니다." 하고 말하였다.

Yahweh then came and stood by, calling as he had done before, "Samuel! Samuel!" Samuel answered, "Speak, Yahweh, your servant is listening."

사무엘이 부르심을 받다 율리우스 슈노르 폰 카롤스펠트 작

1 사무엘 1 Samuel 4:18

전령이 하느님의 궤를 언급하자, 엘리가 대문 옆 의자에서 뒤로 넘어지더니 목이 부러져 죽었다. 그 사람은 늙은 데다 몸까지 무거웠던 것이다. 엘리는 마흔 해 동안 이스라엘의 판관으로 일하였다.

When he mentioned the ark of God, Eli fell backward off his seat by the gate; his neck was broken and he died, for he was old and heavy. He had ruled Israel for forty years.

판관 엘리의 죽음 율리우스 슈노르 폰 카롤스펠트 작

1 사무엘 1 Samuel 5:11

그들도 사람을 보내어 필리스티아인들의 통치자들을 모두 불러 놓고, "이스라엘 신의 궤를 제자리에 돌려보내어, 우리와 우리 백성이 죽음을 당하지 않게 해 주시오." 하고 요청하였다. 하느님의 손이 그곳을 무겁게 짓누르시어, 온 성읍에 죽음의 소동이 일어났기 때문이다.

They summoned all the Philistine chiefs and said, "Send the ark of the God of Israel away; let it go back to where it belongs and not bring death to us and our people."—for there was mortal panic throughout the town; the hand of God was very heavy there.

필리스티아인들의 죽음　　　흠정영역성서(1708년, 런던)

1 사무엘 1 Samuel 6:5

"여러분은 이 땅을 파괴하고 있는 이 종기와 쥐 모양을 만들어, 그것으로 이스라엘의 하느님에게 영광을 드려야 합니다. 그러면 아마도 그가 여러분에게서, 그리고 여러분의 신들과 땅에서 자기 손을 거둘 것입니다."

"So you must make the models of your tumors and models of the rats that ravage your country, and you must pay honor to the God of Israel. Then perhaps he will lighten his hand on you and your gods and your country."

필리스티아인들의 속죄 흠정영역성서(1708년, 런던)

1 사무엘 1 Samuel 6:13

그때에 벳 세메스인들은 골짜기에서 밀을 거두어들이다가, 눈을 들어 궤를 보고는 기뻐하며 나가 맞았다.

The people of Beth-shemesh were reaping the wheat harvest in the plain when, raising their eyes, they saw the ark and went joyfully to meet it.

돌아온 하느님의 궤 구스타프 도레 작

1 사무엘 1 Samuel 10:1

사무엘은 기름병을 가져다가 사울의 머리에 붓고 입을 맞춘 다음 이렇게 말하였다. "주님께서 당신에게 기름을 부으시어, 그분의 소유인 이스라엘의 영도자로 세우셨소."

Samuel took a phial of oil and poured it on Saul's head; then he kissed him, saying, "Has not Yahweh anointed you prince over his people Israel?"

왕이 된 사울　　율리우스 슈노르 폰 카롤스펠트 작

1 사무엘 1 Samuel 10:6

"그때 주님의 영이 당신에게 들이닥쳐, 당신도 그들과 함께 황홀경에 빠져 예언하면서 딴사람으로 바뀔 것이오."

"Then the spirit of Yahweh will seize on you, and you will go into an ecstasy with them, and be changed into another man."

사울을 축복하는 사무엘 구스타프 도레 작

1 사무엘 1 Samuel 12:17

"지금은 밀을 거두는 때가 아니오? 그렇지만 내가 주님께 간청하여 천둥과 비를 내리시게 하겠소. 그러니 여러분은 임금을 요구한 일이 주님 보시기에 얼마나 커다란 악인지 깨달으시오."

"It is now wheat harvest, is it not? I will call on Yahweh and he shall send thunder and rain. Consider then and see what a very wicked thing you had done in the sight of Yahweh by asking to have a king."

천둥과 비 흠정영역성서(1708년, 런던)

1 사무엘 1 Samuel 14:15

진영 안에 있든 들판에 있든, 모든 군대 사이에 공포가 퍼져 나갔다. 전초 부대와 공격대도 공포에 떨었다. 땅이 뒤흔들리고 하느님의 공포가 퍼져 나갔다.

There was panic in the camp and in the countryside; all the men in the outpost, and the raiding contingent too, were terrified; the earth shook; it was a very panic of God.

요나탄의 승리 흠정영역성서(1708년, 런던)

1 사무엘 1 Samuel 15:23

"거역하는 것은 점치는 죄와 같고 고집을 부리는 것은 우상을 섬기는 것과 같습니다. 임금님이 주님의 말씀을 배척하셨기에 주님께서도 임금님을 왕위에서 배척하셨습니다."

"Rebellion is a sin of sorcery, presumption a crime of teraphim. Since you have rejected the word of Yahweh, he has rejected you as king."

배척받은 사울 왕 율리우스 슈노르 폰 카롤스펠트 작

1 사무엘 1 Samuel 15:33

사무엘은 "너의 칼이 뭇 여인을 자식 없게 만들었으니, 네 어미도 여인들 가운데서 자식 없이 지내야 마땅하다." 하고 말한 다음, 길갈에 계시는 주님 앞에서 아각을 난도질하였다.

Samuel said: "As your sword has made women childless, so shall your mother be made childless among women." Then Samuel butchered Agag before Yahweh at Gilgal.

아말렉 임금을 처형하다 구스타프 도레 작

1 사무엘 1 Samuel 16:13

사무엘은 기름이 담긴 뿔을 들고 형들 한 가운데에서 그에게 기름을 부었다. 그러자 주님의 영이 다윗에게 들이닥쳐 그날부터 줄곧 그에게 머물렀다.

At this, Samuel took the horn of oil and anointed him where he stood with his brothers; and the spirit of Yahweh seized on David and stayed with him from that day on.

왕이 된 다윗 율리우스 슈노르 폰 카롤스펠트 작

1 사무엘 16:23

하느님께서 보내신 영이 사울에게 내릴 때마다 다윗은 비파를 손에 들고 탔다. 그러면 악령이 물러가고, 사울은 회복되어 편안해졌다.

비파를 타는 다윗 흠정영역성서(1708년, 런던)

1 Samuel 16:23

And whenever the spirit from God troubled Saul, David took the harp and played; then Saul grew calm, and recovered, and the evil spirit left him.

악몽 조수아 레이놀즈 작

1 사무엘 1 Samuel 17:4

필리스티아인들 진영에서 골리앗이라는 갓 출신 투사가 하나 나섰다. 그는 키가 여섯 암마하고도 한 뼘이나 더 되었다.

One of their shock-troopers stepped out from the Philistine ranks; his name was Goliath, from Gath; he was six cubits and one span tall.

골리앗 흠정영역성서(1708년, 런던)

1 사무엘 1 Samuel 17:10-11

그 필리스티아 사람이 다시 소리쳤다. "내가 오늘 너희 이스라엘 전열을 모욕하였으니, 나와 맞붙어 싸울 자를 하나 내보내라." 사울과 온 이스라엘군은 이 필리스티아 사람의 말을 듣고, 너무나 무서워 어쩔 줄을 몰랐다.

The Philistine then said, "I challenge the ranks of Israel today. Give me a man and we will fight in single combat." When Saul and all Israel heard these words of the Philistine they were dismayed and terrified.

다윗과 골리앗 한스 라우텐사크 작

1 사무엘 17:36

“임금님의 종인 저는 이렇게 사자도 죽이고 곰도 죽였습니다. 할례 받지 않은 저 필리스티아 사람도 그런 짐승들 가운데 하나처럼 만들어 놓겠습니다. 그는 살아계신 하느님의 전열을 모욕하였습니다.”

사자와 싸우는 다윗　　흠정영역성서(1708년, 런던)

1 Samuel 17:36

"Your servant has killed both lion and bear, and this uncircumcised Philistine shall be like one of them, for he has dared to insult the armies of the living God."

청년 다윗 메르시에 작

1 사무엘 17:49

그러면서 다윗은 주머니에 손을 넣어 돌 하나를 꺼낸 다음, 무릿매질을 하여 필리스티아 사람의 이마를 맞혔다. 돌이 이마에 박히자 그는 땅바닥에 얼굴을 박고 쓰러졌다.

다윗과 골리앗

1 Samuel 17:49

Putting his hand in his bag, he took out a stone and sling it and struck the Philistine on the forehead; the stone penetrated his forehead and he fell on the face to the ground.

다윗과 골리앗 윌리엄 L. 도지 작

1 사무엘 17:51

다윗은 달려가 그 필리스티아 사람을 밟고 선 채, 그의 칼집에서 칼을 뽑아 그를 죽이고 목을 베었다.

골리앗을 죽이는 다윗 율리우스 슈노르 폰 카롤스펠트 작

1 Samuel 17:51

Then David ran and, standing over the Philistine, seized his sword and drew it from the scabbard, and with this he killed him, cutting off his head.

다윗과 골리앗의 목 안드레아 베로키오 작

1 사무엘 18:7

여인들은 흥겹게 노래를 주고받았다. "사울은 수천을 치시고 다윗은 수만을 치셨다네!"

다윗과 골리앗 구스타프 도레 작

1 Samuel 18:7

And as they danced the women sang: “Saul has killed his thousands, and David his tens of thousands.”

노래하며 춤추는 여인들

1 사무엘 18:10-11

이튿날 하느님께서 보내신 악령이 사울에게 들이닥쳐 그가 집안에서 발작을 일으키자, 다윗이 여느 날처럼 비파를 탔다. 이때 마침 사울은 손에 창을 들고 있었다. 사울은 '다윗을 벽에 박아 버리겠다.' 고 생각하면서 창을 던졌다. 그러나 다윗은 사울 앞에서 두 번이나 몸을 피하였다.

사울과 하프를 연주하는 다윗　　카를르 방루 작

1 Samuel 18:10-11

On the following day an evil spirit from God seized on Saul and he fell into a fit of frenzy while he was in his house. David was playing the harp as on other days and Saul had his spear in his hand. Saul brandished the spear, "I am going to pin David to the wall," he said. But David twice evaded him.

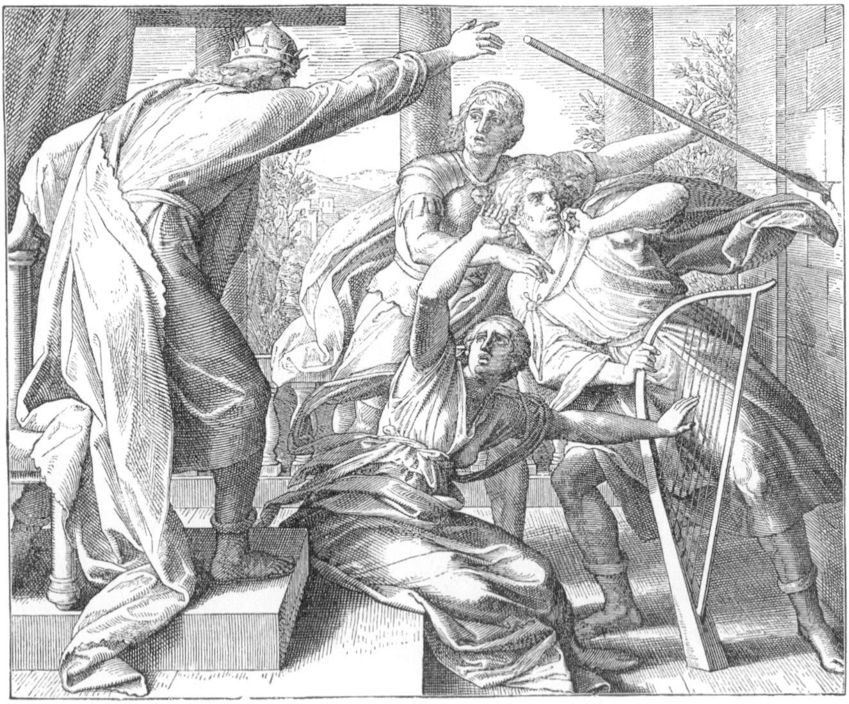

다윗을 죽이려고 하는 사울　　율리우스 슈노르 폰 카롤스펠트 작

1 사무엘 18:15-16

사울은 다윗이 크게 승리하는 것을 보고 그에게 두려움을 느꼈다. 그러나 온 이스라엘과 유다는 다윗을 좋아하였다. 그들 앞에 서서 출전하는 이가 바로 그였기 때문이다.

사울의 창을 피하는 다윗 흠정영역성서(1708년, 런던)

1 Samuel 18:15-16

And seeing how well he succeeded, Saul was frightened of him. But all Israel and Judah loved David, because he was their leader in all their exploits.

다윗을 죽이려는 사울 구스타프 도레 작

하프를 타는 다윗왕

1 사무엘 1 Samuel 19:11-12

그날 밤, 사울은 전령들을 다윗의 집으로 보내며, 지키고 있다가 아침에 죽이라고 하였다. 그러나 다윗의 아내 미칼이 남편에게 "오늘 밤 당신의 목숨을 건지지 않으면, 내일은 죽게 될 것입니다." 하고 일러 주었다. 미칼이 다윗을 창문으로 내려 보내니, 다윗은 달아나 목숨을 건졌다.

The same night, Saul sent agents to watch David's house, intending to kill him in the morning. But Michal, David's wife, warned him, "If you do not escape tonight, you will be a dead man tomorrow." Then Michal let David down through the window, and he made off and took to flight and so escaped.

창문으로 도망치는 다윗 구스타프 도레 작

1 사무엘 20:14-17

요나탄은 다윗에게 약속하였다. "그 대신 내가 살아 있는 동안에 주님께서 바라시는 의리를 지켜주게. 그리고 내가 죽은 다음에라도, 또한 주님께서 자네 다윗의 원수들을 땅 위에서 없애 버리실 때에도, 내 집안과 의리를 영원히 끊지 말아 주게." 요나탄은 다윗을 자기 목숨처럼 사랑하였으므로, 그에 대한 사랑으로 다윗에게 다시 맹세하게 하였다.

다윗과 요나탄 구스타프 도레 작

1 Samuel 20:14-17

Then Jonathan said to David, "If I am still alive, show me Yahweh's own kindness; if I die, never withdraw your own kindness from my House. When Yahweh cuts off every one of David's enemies from the face of the earth, let not the name of Jonathan be cut off with the House of Saul." Once again Jonathan swore the solemn oath to David because he loved him as his own soul.

다윗과 요나탄의 우정 율리우스 슈노르 폰 카롤스펠트 작

1 사무엘 1 Samuel 20:14-17

요나단과 헤어지는 다윗 1655-58년경, 렘브란트 작

1 사무엘 1 Samuel 24:3

사울은 온 이스라엘에서 가려 뽑은 삼천 명을 이끌고, 다윗과 그 부하들을 찾아 '들염소 바위' 쪽으로 갔다.

Saul thereupon took three thousand men chosen from the whole of Israel and went in search of David and his men east of the Rocks of the Wild Goats.

들염소 바위 흠정영역성서(1708년, 런던)

1 사무엘 1 Samuel 24:7

다윗이 부하들에게 말하였다. "주님께서는 내가 주님의 기름 부음 받은 이인 나의 주군에게 손을 대는 그런 짓을 용납하지 않으신다. 어쨌든 그분은 주님의 기름 부음 받은 이가 아니시냐?"

He said to his men, "Yahweh preserve me from doing such a thing to my lord and raising my hand against him, for he is the anointed of Yahweh."

사울을 살려두는 다윗 율리우스 슈노르 폰 카롤스펠트 작

1 사무엘 24:10, 12

다윗이 사울에게 말하였다. "어찌하여 임금님께서는 '다윗이 임금님을 해치려 합니다.' 하고 말하는 사람들의 소리를 곧이들으십니까?" "아버님, 잘 보십시오. 여기 제 손에 아버님의 겉옷 자락이 있습니다. 저는 겉옷 자락만 자르고 임금님을 죽이지 않았습니다. 그러니 저에게 임금님을 해치거나 배반할 뜻이 없다는 것을 알아주시고 살펴 주십시오."

사울을 살려둔 다윗 구스타프 도레 작

1 Samuel 24:10, 12

Then David said to Saul, "Why do you listened to the men who say to you, 'David means to harm you'?" "O my father, see, look at the border of your clock in my hand. Since I cut off the border of your clock, yet did not kill you, you must acknowledge frankly that there is neither malice nor treason in my hand."

사울의 겉옷 자락 베르나르 피카르 작

1 사무엘 1 Samuel 24:10, 12

추격당하는 다윗 흠정영역성서(1708년, 런던)

1 사무엘 25:31

“지금 정당한 이유 없이 피를 흘리며 몸소 복수하시다가, 나리께서 후회하시거나 양심의 가책을 받으시는 일이 없기를 바랍니다. 주님께서 나리에게 복을 내려 주실 때, 당신 여종을 기억하여 주십시오.”

아비가일의 간청 흠정영역성서(1708년, 런던)

1 Samuel 25:31

"You do not want to have any reason to grieve or feel remorse at having shed blood needlessly and revenged yourself with your own hand. And when Yahweh has shown his goodness to my lord, then remember your servant."

탄원하는 여인

1 사무엘 1 Samuel 25:37-38

아침에 나발이 술에서 깨어났을 때, 그의 아내가 나발에게 그동안의 일을 알려 주었다. 그러자 나발은 심장이 멎으면서 돌처럼 굳어 버렸다. 열흘쯤 지나서 주님께서 나발을 치시니, 그가 죽었다.

In the morning then, when the wine had left him, his wife told him all that had happened and his heart died inside him and he became like a stone. About ten days later Yahweh struck Nabal, and he died.

나발과 아비가일　　　　흠정영역성서(1708년, 런던)

1 사무엘 1 Samuel 26:20

“그러니 이제 제가 주님 앞에서 멀리 떨어진 채, 땅에 피를 흘리지 않게 해 주십시오. 이스라엘 임금님께서는 정녕 산에 있는 자고새를 뒤쫓듯이, 벼룩 한 마리를 찾아 나서셨으니 말입니다.”

“So now, do not let my blood fall to the ground out of the presence of Yahweh; for the king of Israel has gone out in quest of my life as a man hunts a partridge on the mountains.”

다윗의 외침 흠정영역성서(1708년, 런던)

1 사무엘 28:8

사울은 자신을 알아보지 못하게 옷을 갈아입고는, 부하 둘을 데리고 밤에 그 여자에게 가서, "나를 위해 혼백을 불러 점을 쳐 주고, 내가 말하는 망령을 불러올려 주시오." 하고 청하였다.

점쟁이 여인과 사울　　흠정영역성서(1708년, 런던)

1 Samuel 28:8

And so Saul, disguising himself and changing his clothes, set out accompanied by two men; their visit to the woman took place at night. “Disclose the fortune to me,” he said, “by means of a ghost. Conjure up the one I shall name to you.”

점쟁이 여인을 방문한 사울

1 사무엘 28:16-17

그러자 사무엘이 말하였다. "주님께서 이미 너를 떠나 네 원수가 되셨는데 어쩌자고 나에게 묻느냐? 주님께서는 나를 통하여 말씀하신 그대로 너에게 하시어, 이미 이 나라를 네 손에서 빼앗아 네 이웃 다윗에게 주셨다."

사울과 점쟁이 여인 구스타프 도레 작

1 Samuel 28:16-17

Samuel said, "And why do you consult me, when Yahweh has abandoned you and he is with your neighbor? Yahweh has done to you as he foretold through me; he has snatched the sovereignty from your hand and given it to your neighbor David."

강신술사 17세기 작

1 사무엘 31:4

사울이 자기 무기병에게 명령하였다. "칼을 뽑아 나를 찔러라. 그러지 않으면 할례 받지 않은 저자들이 와서 나를 찌르고 희롱할 것이다." 그러나 무기병은 너무 두려워서 찌르려 하지 않았다. 그러자 사울은 자기 칼을 세우고 그 위에 엎어졌다.

사울의 죽음 구스타프 도레 작

1 Samuel 31:4

Then Saul said to his armor-bearer, "Draw your sword and run me through with it; I do not want these uncircumcised men to come and gloat over me." But his armor-bearer was afraid and would not do it. So Saul took his own sword and fell on it.

사울의 죽음 율리우스 슈노르 폰 카롤스펠트 작

1 사무엘 1 Samuel 31:12

그러자 그곳의 용사들이 모두 나섰다. 그들은 밤새도록 걸어가서, 사울의 주검과 그 아들들의 주검을 벳 산 성벽에서 내려다가, 야베스로 돌아와 거기에서 불태웠다.

All the warriors set out, marching throughout the night, and took the bodies of Saul and his sons off the wall of Beth-shan, and bringing them to Jabesh they burned them there.

사울과 그 아들들의 시체 　　　　구스타프 도레 작

사무엘기 하권
The Second Book of Samuel

2 사무엘 2 Samuel 2:3-4

다윗은 함께 있던 부하들도 저마다 가족을 데리고 올라가게 하였다. 그리하여 그들은 헤브론의 여러 성읍에 자리 잡았다. 그러자 유다 사람들이 와, 거기에서 다윗에게 기름을 붓고 그를 유다 집안의 임금으로 세웠다.

The men who were with him, David made go up too, each with his family, and they settled in the towns of Hebron. There the men of Judah came and anointed David king over the House of Judah.

유다의 왕이 된 다윗 율리우스 슈노르 폰 카롤스펠트 작

2 사무엘 2 Samuel 3:1

사울 집안과 다윗 집안 사이의 싸움은 오래 계속되었다. 다윗은 갈수록 강해졌고 사울 집안은 갈수록 약해졌다.

So the war dragged on between the House of Saul and the House of David, but David grew steadily stronger, and the House of Saul ever weaker.

유다와 이스라엘의 대결 구스타프 도레 작

2 사무엘 2 Samuel 3:27

아브네르가 헤브론으로 돌아오자, 요압은 그와 더불어 조용히 이야기하겠다고 그를 성문 안쪽으로 데리고 갔다. 그런 다음 요압은 거기에서 그의 배를 찔렀다. 아브네르는 이렇게 요압의 동생 아사헬의 피를 흘린 탓에 죽었다.

When Abner reached Hebron, Joab drew him apart to the side of the gate as if to have a word with him in private, and there struck him in the belly. And so, for the blood of Joab's brother Asahel, he died.

요압이 복수하다 흠정영역성서(1708년, 런던)

2 사무엘 2 Samuel 5:24

“발삼 향나무 꼭대기에서 발걸음 소리가 들리거든, 그때 습격하여라. 주님께서 앞장서 나가 필리스티아인들의 군대를 칠 것이다.”
“When you hear the sound of steps in the tops of the balsam trees, advance, for that will be Yahweh going out ahead of you to rout the army of the Philistines.”

필리스티아인들을 격파하다 흠정영역성서(1708년, 런던)

2 사무엘 6:2, 5

다윗은 유다 바알라에서 하느님의 궤를 모셔 오려고, 모든 군대를 거느리고 그 곳으로 떠났다. 그 궤는 커룹들 위에 좌정하신 만군의 주님의 이름으로 불렸다. 다윗과 이스라엘 온 집안은 주님 앞에서 방백나무로 만든 온갖 악기와 비파와 수금과 손북과 요령과 자바라에 맞추어 춤추었다.

하느님의 궤를 옮기다 흠정영역성서(1708년, 런던)

2 Samuel 6:2,5

David went to Baalah of Judah, to bring up from there the ark of God which bears the name of Yahweh Sabaoth who is seated on the cherubs. David and all the House of Israel danced before Yahweh with all their might, singing to the accompaniment of lyres, harps, tambourines, castanets, and cymbals.

노래하고 춤추는 다윗 17세기 판화

2 사무엘 2 Samuel 7:16

“너의 집안과 나라가 네 앞에서 영원히 굳건해지고, 네 왕좌가 영원히 튼튼하게 될 것이다.” 나탄은 이 모든 말씀과 환시를 다윗에게 그대로 전하였다.
“Your House and your sovereignty will always stand secure before me and your throne be established for ever.” Nathan related all these words to David and the whole revelation.

나탄의 예언 1655년경, 렘브란트 작

2 사무엘 11:3-4

다윗은 사람을 보내어 그 여인이 누구인지 알아보았는데, 어떤 이가 "그 여자는 엘리암의 딸 밧 세바로 히타이트 사람 우리야의 아내가 아닙니까?" 하였다. 다윗은 사람을 보내어 그 여인을 데려왔다. 여인이 다윗에게 오자 다윗은 그 여인과 함께 잤다.

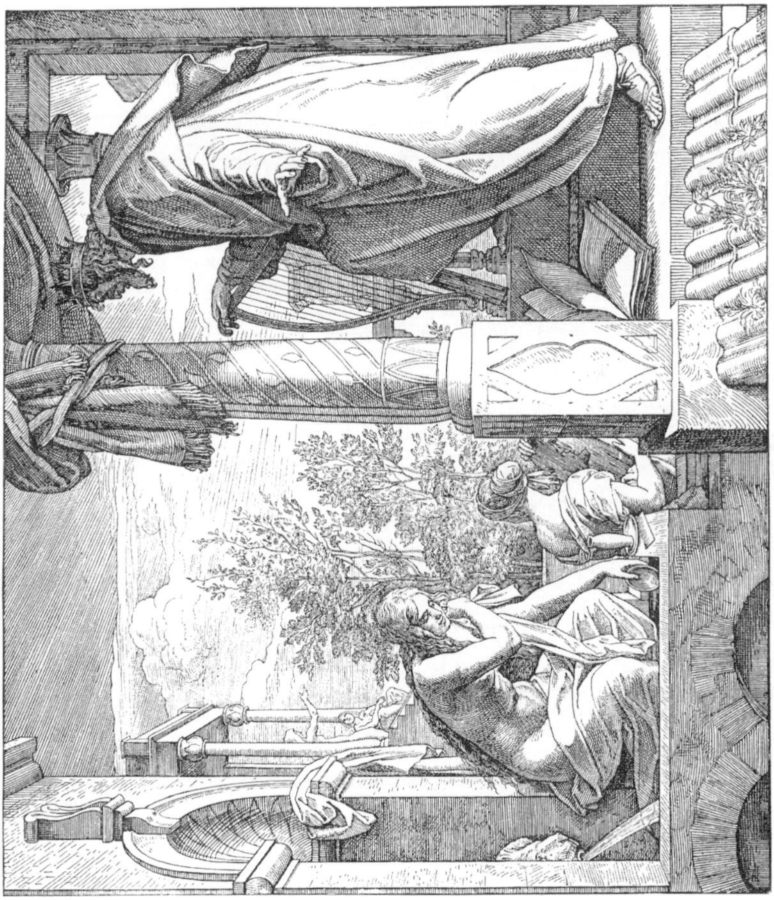

우리야의 아내 율리우스 슈노르 폰 카롤스펠트 작

2 Samuel 11:3-4

David made inquiries about the woman and was told, "Why, that is Bathsheba, Eliam's daughter, the wife of Uriah the Hittite." Then David sent messengers and had her brought. She came to him, and he slept with her.

우리야의 아내 알브레히트 뒤러 작

2 사무엘 2 Samuel 12:10

"그러므로 이제 네 집안에서는 칼부림이 영원히 그치지 않을 것이다. 네가 나를 무시하고, 히타이트 사람 우리야의 아내를 데려다가 네 아내로 삼았기 때문이다."

"So now the sword will never be far from your House, since you have shown contempt for me and taken the wife of Uriah the Hittite to be your wife."

다윗을 꾸짖는 나탄 율리우스 슈노르 폰 카롤스펠트 작

2 사무엘 2 Samuel 12:13-14

"주님께서 임금님의 죄를 용서하셨으니 임금님께서 돌아가시지는 않을 것입니다. 다만 임금님께서 이 일로 주님을 몹시 업신여기셨으니, 임금님에게서 태어난 아들은 반드시 죽고 말 것입니다."

"Yahweh, for his part, forgives your sin; you are not to die. Yet because you have outraged Yahweh by doing this; the child that is born to you is to die."

다윗과 밧 세바의 아들의 죽음 율리우스 슈노르 폰 카롤스펠트 작

2 사무엘 12:15-16

주님께서 우리야의 아내가 다윗에게 낳아 준 아이를 치시니, 아이가 큰 병이 들었다. 다윗은 그 어린아이를 위하여 하느님께 호소하였다. 다윗은 단식하며 방에 와서도 바닥에 누워 밤을 지냈다.

기도하는 다윗 렘브란트 작

2 Samuel 12: 15-16

Yahweh struck the child that Uriah's wife had borne to David and it fell gravely ill. David pleaded with Yahweh for the child; he kept a strict fast and went home and spent the night on the bare ground, covered with sacking.

참회하는 다윗 알브레히트 뒤러 작

2 사무엘 12:29-30

다윗은 모든 군사를 모아 라빠로 가서 그 성읍을 공격하고 점령하였다. 그런 다음 그들 임금의 머리에서 왕관을 벗겨 왔는데, 그 무게가 금 한 탈렌트나 되었고 거기에는 값진 보석들이 박혀 있었다. 이제 그것은 다윗의 머리에 얹혀졌다.

다윗이 라빠를 점령하다 구스타프 도레 작

2 Samuel 12:29-30

So David mustered the whole army and marched on Rabbah; he stormed the town and captured it. He took the crown from the head of Milcom; it weighed one talent of gold, and in it was set a precious stone which made an ornament for David's head.

다윗의 대관식　　흠정영역성서(1708년, 런던)

2 사무엘 2 Samuel 13:27-28

압살롬은 부하들에게 이렇게 명령하였다. "암논이 술로 기분이 좋아질 때까지 지켜보다가, 내가 '암논을 쳐라.' 하거든 그를 죽여라. 겁내지 마라. 내가 너희에게 명령하는 것이 아니냐? 그러니 힘을 내어 용사답게 행동하여라."

Absalom prepared a royal banquet and then gave this order to his servants: "Listen carefully; when Amnon's heart is merry with wine and I say, 'Strike Amnon down.' then kill him. Have no fear. I myself have given you the order. Take courage, be brave."

압살롬이 암논을 죽이다 흠정영역성서(1708년, 런던)

2 사무엘 2 Samuel 14:25

온 이스라엘에서 압살롬만큼 잘 생기고 그만큼 칭찬을 받는 사람은 없었다. 그는 머리끝에서 발끝까지 흠잡을 데가 없었다.

In the whole of Israel there was no man who could be praised for his beauty as much as Absalom; from the sole of his foot to the crown of his head there was not a blemish on him.

압살롬의 머리카락 흠정영역성서(1708년, 런던)

2 사무엘 2 Samuel 16:7-8

시므이는 이렇게 말하며 저주하였다. "꺼져라, 꺼져! 이 살인자야, 이 무뢰한아! 사울의 왕위를 차지한 너에게 주님께서 그 집안의 모든 피에 대한 책임을 돌리시고, 그 왕위를 네 아들 압살롬의 손에 넘겨주셨다. 너는 살인자다. 이제 재앙이 너에게 닥쳤구나."

The words of his curse were these, "Be off, be off, man of blood, scoundrel! Yahweh has brought on you all the blood of the House of Saul whose sovereignty you have usurped; and Yahweh has transferred that same sovereignty to Absalom your son. Now your doom has overtaken you, man of blood that you are."

시므이의 저주 율리우스 슈노르 폰 카롤스펠트 작

2 사무엘 2 Samuel 17:8

그러면서 후사이는 이렇게 덧붙였다. "임금님께서도 아시다시피 임금님의 아버지와 그 부하들은 용사입니다. 그들은 새끼를 빼앗긴 들녘의 곰처럼 무섭게 화가 나 있습니다."

"You know," Hushai went on, "that your father and his men are champions and as angry as a wandering bear robbed of her cubs."

들판의 곰 흠정영역성서(1708년, 런던)

2 사무엘 2 Samuel 17:9-10

"군인들 가운데 처음부터 쓰러지는 자가 생기면, 그 소식을 듣는 자마다 '압살롬의 뒤를 따르는 군사들이 지고 말았다.' 하고 말할 것입니다. 그렇게 되면 사자처럼 담력이 센 용사라도 완전히 맥이 풀릴 것입니다."

"If at the outset there are casualties among our troops, word will go around of disaster to the army supporting Absalom. And then even the valiant, with a heart like the heart of a lion, will be quite unmanned."

사자 흠정영역성서(1708년, 런던)

2 사무엘 2 Samuel 17:28-29

그들은 침상과 접시와 질그릇을 가져오고, 밀과 보리, 밀가루와 볶은 밀, 콩과 팥, 꿀과 엉긴 젖, 그리고 양과 쇠고기를 다윗과 그를 따르는 백성에게 먹으라고 내놓았다.

They brought mattress, rugs, bowls and crockery, wheat, barley, meal, roasted grain, beans, lentils, honey, curds and cheese, sheep and oxen, which they presented to David and the people with him for them to eat.

다윗이 받은 공물　　　　흠정영역성서(1708년, 런던)

2 사무엘 18:9

압살롬은 다윗의 부하들과 마주쳤다 그때 압살롬은 노새를 타고 있었다. 그 노새가 큰 향엽나무의 얽힌 가지들 밑으로 들어가는 바람에, 그의 머리카락이 향엽나무에 휘감기면서 그는 하늘과 땅 사이에 매달리게 되고, 타고 가던 노새는 그대로 지나가 버렸다.

머리카락이 걸린 압살롬 율리우스 슈노르 폰 카롤스펠트 작

2 Samuel 18:9

Absalom happened to run into some of David's followers. Absalom was riding a mule and the mule passed under the thick branches of a great oak. Absalom's head caught fast in the oak and he was left hanging between heaven and earth, while the mule he was riding went on.

머리카락이 걸린 압살롬 구스타프 도레 작

2 사무엘 2 Samuel 18:14

그러나 요압은 "너하고 이렇게 꾸물거릴 시간이 없다." 고 말한 뒤에, 표창 셋을 손에 집어 들고, 향엽나무에 매달린 채 아직 살아 있는 압살롬의 심장에 꽂았다.

Then Joab said, "I cannot waste my time with you like this." And he took three lances in his hand and thrust them into Absalom's heart while he was still alive there in the oak tree.

압살롬의 죽음　　　　구스타프 도레 작

2 사무엘 18:18

생전에 압살롬은 "내 이름을 기억해 줄 아들이 없구나." 하며 기념 기둥 하나를 마련하여 세워 두었는데, 그것이 '임금의 골짜기' 에 있다. 그가 이 기념 기둥을 자기 이름으로 불렀기에, 오늘날까지도 그것이 '압살롬의 비석' 이라 불린다.

압살롬의 비석

2 Samuel 18:18

Now Absalom during his lifetime had undertaken the erection of the pillar to himself which is in the Valley of the King. "I have no son." he said, "to preserve the memory of my name." So he had given the pillar his name, and it is called to this day the Pillar of Absalom.

압살롬의 비석

2 사무엘 2 Samuel 19:1

이 말에 임금은 부르르 떨며 성문 위 누각으로 올라가 울었다. 그는 올라가면서 "내아들아, 내 아들아, 내 아들 압살롬아, 너 대신 차라리 내가 죽을 것을." 하였다.

The king shuddered. He went up to the room over the gate and burst into tears, and weeping said, "My son Absalom! My son! My son Absalom! Would I have died in your place!"

압살롬을 애도하는 다윗 구스타프 도레 작

2 사무엘 2 Samuel 20:10

그런데 아마사는 요압의 손에 있는 칼에 주의를 기울이지 않았다. 요압이 칼로 그의 배를 찔러 그의 창자를 땅에 쏟아지게 하니, 그는 두 번 찌를 것도 없이 죽어 버렸다.

Amasa paid no attention to the sword Joab was holding, and Joab struck him with it in the belly and spilled his entrails on the ground. He did not need to strike a second blow; and so Amasa died.

요압이 반란군 대장을 죽이다　　　흠정영역성서(1708년, 런던)

2 사무엘 2 Samuel 21:1

다윗 시대에 연이어 세 해 동안 기근이 들었다. 다윗이 주님께 곡절을 물으니, 주님께서 "사울이 기브온 사람들을 죽인 탓으로, 그 피가 사울과 그의 집안에 머물러 있다." 고 대답하셨다.

In the time of David there was a famine lasting for three whole years. David consulted Yahweh, and Yahweh said, "There is blood on Saul and his family because he put the Gibeonites to death."

사울의 후손들이 처형되다 구스타프 도레 작

2 사무엘 2 Samuel 21:17

그러나 츠루야의 아들 아비사이가 다윗을 도우러 와서, 그 필리스티아 사람을 내리쳐 죽였다. 그 뒤 다윗의 부하들은 "임금님께서는 우리와 함께 다시는 싸움터에 나가지 마십시오. 그러면 임금님께서 이스라엘의 등불을 꺼 버리시게 될 것입니다." 하며 다짐을 받았다.

But Abishai son of Zeruiah went to his rescue; he struck down the Philistine and killed him. It was then that David's men urged him, "You must never again go into battle with us," they said, "in case you put out the lamp of Israel."

다윗을 구해주는 아비사이 구스타프 도레 작

2 사무엘 22:1-3

주님께서 다윗을 그의 모든 원수들과 사울의 손아귀에서 건져 주신 날, 다윗은 이 노래로 주님께 아뢰었다. 그는 말하였다. "주님은 저의 반석, 저의 산성, 저의 구원자, 저의 하느님, 이 몸 피신하는 저의 바위, 저의 방패, 제 구원의 뿔이십니다."

주님의 진노 흠정영역성서(1708년, 런던)

2 Samuel 22:1-3

David addressed the words of this song to Yahweh when Yahweh had delivered him from all his enemies and from the hands of Saul. He said: "Yahweh is my rock and my bastion, my deliverer is my God. I take refuge in him, my rock, my shield, my horn of salvation."

아침 해와 식물 흠정영역성서(1708년, 런던)

2 사무엘 2 Samuel 24:9-10

요압이 조사한 백성의 수를 임금에게 보고하였는데, 이스라엘에서 칼을 다룰 수 있는 장정이 팔십만 명, 유다에서 오십만 명이었다.

Joab gave the king the figures for the census of the people; Israel numbered eight hundred thousand armed men capable of drawing sword, and Judah five hundred thousand men.

인구조사 흠정영역성서(1708년, 런던)

2 사무엘 2 Samuel 24:16

천사가 예루살렘을 파멸시키려고 그쪽으로 손을 뻗치자, 주님께서 재앙을 내리신 것을 후회하시고 백성을 파멸시키는 천사에게 이르셨다. "이제 됐다. 손을 거두어라."

The angel stretched out his hand toward Jerusalem to destroy it, but Yahweh thought better of this evil, and he said to the angel who was destroying the people, "Enough! Now withdraw your hand."

예루살렘의 재앙 구스타프 도레 작